JN292204

お店やろうよ！⑬

はじめての「古着屋」オープンBOOK

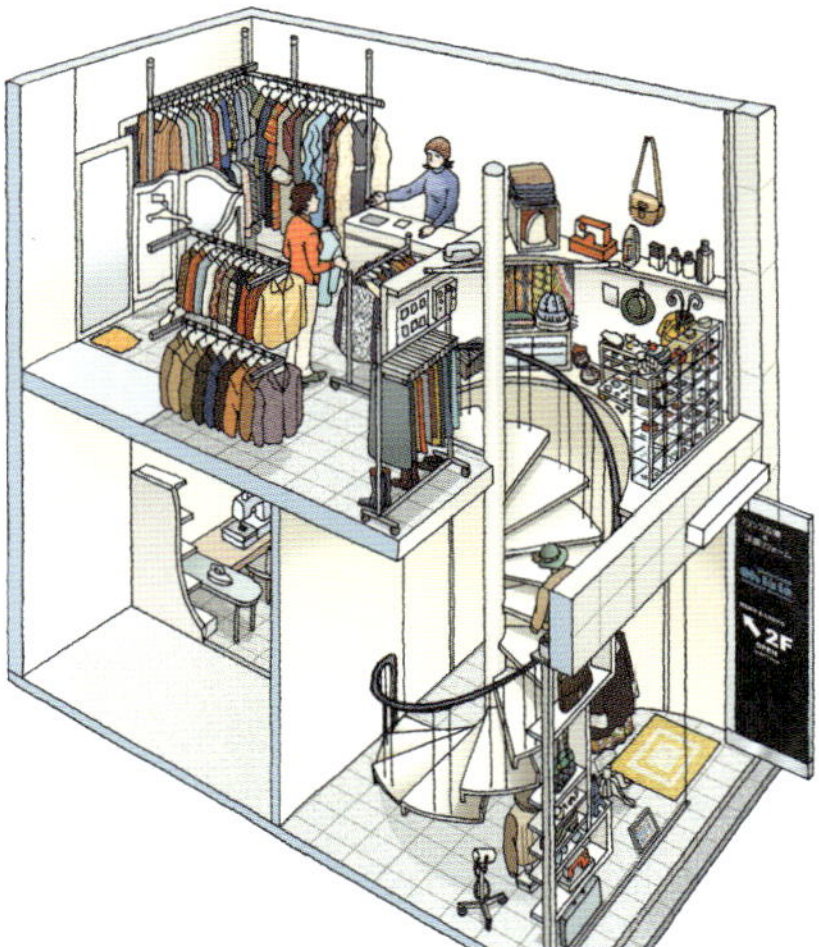

技術評論社

*SELL【売る】

*BUY【買う】

*WORK【加工する】

古着に新しい価値を見出す
「買う」「加工する」「売る」が3本柱

1990年代半ばからのヴィンテージブームも過ぎ去り、現在は「第三次古着ブーム」といわれています。

古着が一部のマニアだけのものだった時代は終わり、幅広いファン層を獲得。個性的なファッションの一部として、古着を選ぶ傾向が一般化しています。たとえ希少価値のあるジーンズでも、リメイクして新たな商品として店頭に並べられるケースが増えているのです。

セレクトショップでも、新品に古着を混ぜた品ぞろえは当たり前になっています。古着選びに肥えた目をもつ若者も多いので、古着屋は目利きであるだけでなく、トータルなコーディネイトセンスも必要です。

古着屋といえば古着を売るのが仕事と捉えられがちですが、商品の仕入れ＝「買う」、リペアやリメイクなど＝「加工する」も大切な要素です。そして、「売る」つまりお客さまに楽しく買い物をしてもらうには、ただ商品を並べればいいのではありません。雑貨やインテリアを置いた、手に取ってみたくなるディスプレイはもちろん、カフェを併設するなどの雰囲気づくりも重要なポイントです。

古着屋は、古着マニアがはじめるお店という既成概念は今や過去のもの。日本全国の街には、新しい古着屋が続々と誕生しています。古着屋を足がかりに服飾デザイナーとして独立したり、メーカーとのコラボレーションを図るなどのビジネス展開も珍しくなっています。

小資本でもはじめられ、高度な技術力と経営センスを生かせる古着屋は、大きな夢と可能性を感じさせるお店なのです。

SINGER
SINGER
adidas
TOMMY GUN

広がる古着市場と消費者ニーズを知って、成功店をめざそう

今、古着が再び注目されている事実は、
各種数値データからも読み取ることができる。
携帯電話からも買い物ができるネットショップの
利用状況、ブランド名にこだわらない
購入動機などを知るとともに、
古着市場全体の流れを確認しておこう。

Cafe
USED

古着を購入した理由は何ですか？（複数回答）

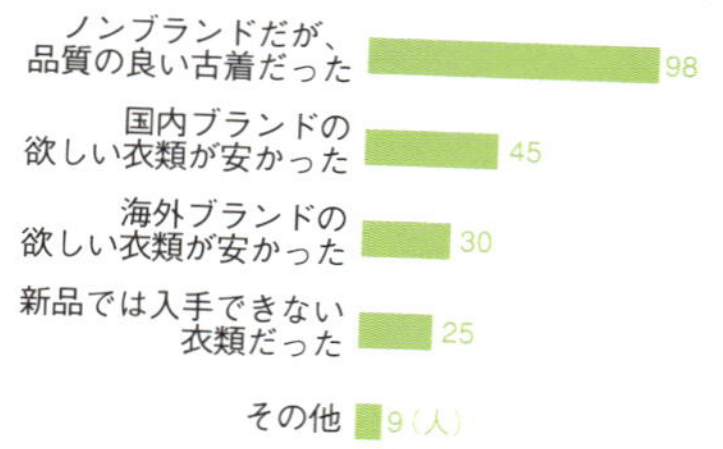
ノンブランドだが、品質の良い古着だった 98
国内ブランドの欲しい衣類が安かった 45
海外ブランドの欲しい衣類が安かった 30
新品では入手できない衣類だった 25
その他 9（人）

出展：「古着に関するユーザー調査　インターネットコム株式会社、JR東海エクスプレスリサーチ

「ノンブランド」であることを挙げた人は、「国内ブランド」「海外ブランド」を足した数よりも多く、購入にあたっては品質と価格を重視していることがわかる。「新品では入手できない衣類」という回答も多く、ファッションに個性を求める人に古着が定着しているともいえそうだ。

古着はどこで購入しますか（複数回答）

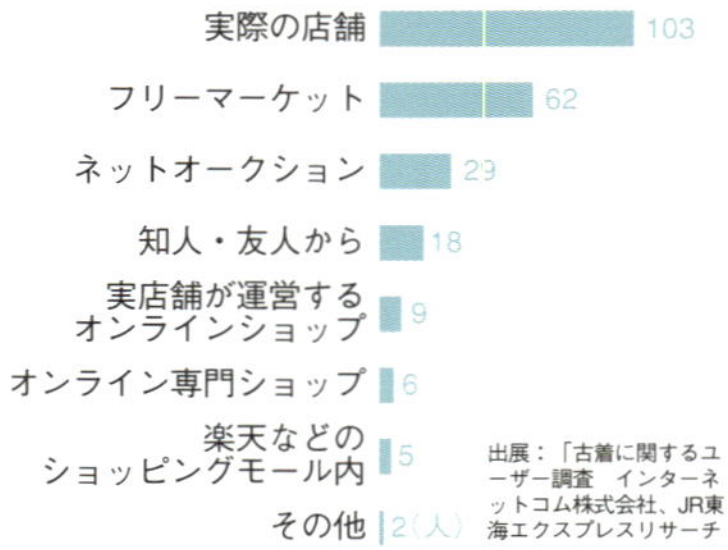
実際の店舗 103
フリーマーケット 62
ネットオークション 29
知人・友人から 18
実店舗が運営するオンラインショップ 9
オンライン専門ショップ 6
楽天などのショッピングモール内 5
その他 2（人）

出展：「古着に関するユーザー調査　インターネットコム株式会社、JR東海エクスプレスリサーチ

回答者334人のうち、約半数が「実際の店舗」「フリーマーケット」で購入していることから、自分の目で確認してから購入する人が多いことがわかる。ただし、残りの約半数はインターネットの利用客であり、古着の販路が広がっているのは確かだ。

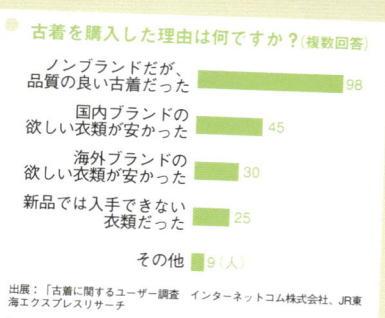

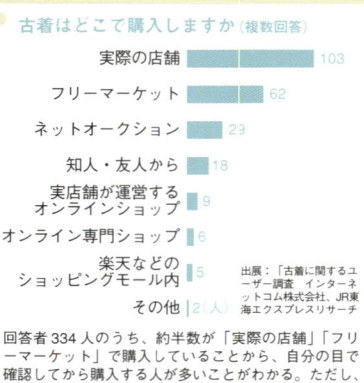

欧米を中心とする古着の輸入量は、ここ数年で大幅な伸びを示しています。それだけ国内の古着市場が活発化しているのです。東京・原宿をみても、大型店から超激安店までが有名古着屋を圧倒するほどの勢い。裏通りの小規模な個人店は独自の品ぞろえで人気を呼んでいます。

古着屋をよく訪れる人は、そのときに気に入ったものやサイズの合うものがなくても、次の来店時には良い商品があることを期待します。そしてお気に入りのお店には足繁く通いたくなるもの。また実店舗だけでなく、ネットショップで購入する人も増えています。

一点ものの古着は機会を逃すと次の出会いを期待できないので、品ぞろえの信頼度がリピーターを惹き付けるのです。

そんな消費者ニーズに応えるには、まず独自の仕入れルートを開拓すること。アメリカだけでなく、ヨーロッパで買い付けたり、60~70年代の国産ブランドに新たな価値を見出す動きも一般化しています。古着に小物や雑貨を合わせて楽しんでもらえるような工夫も有効でしょう。24時間の営業ができるネットショップでは豊富な品数とともに、ディテールを見せて購入しやすいように工夫することも必須。

お店を経営する側、古着を求める側のどちらにも共通する面白味は、こうした独自のセンスを試すことのできる自由度の高さ。扱う商品は古くても、お客さまの目にいかに新鮮な印象を与えるかがポイントです。

古着は、時代を越えて洋服好きの心を捉えて離しません。あなたなら無数の古着のなかから、どんな1着を選ぶでしょうか。

古着の輸入量の推移

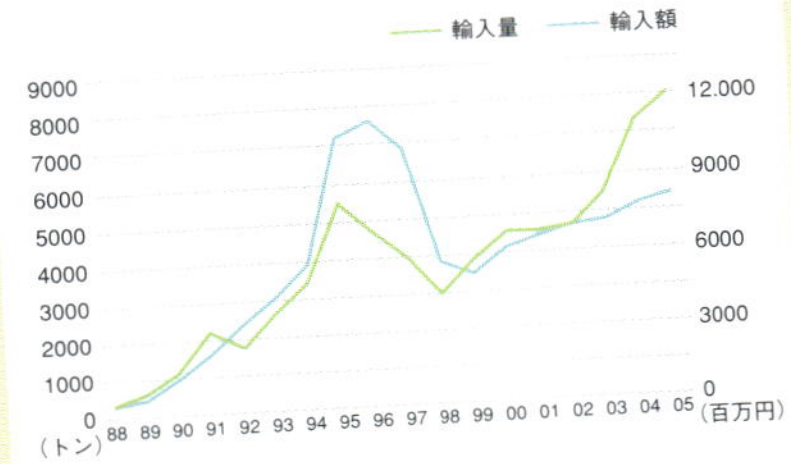

出展：日本関税協会「日本貿易月表」より三菱総合研究所が作成したもの

2006年のおもに欧米を中心とする古着の輸入量は約8,000万トンで、対前年比10.6%の伸び（財務省「貿易統計2005年12月分統計品別表」より）。なお、90年前半から95年にかけて急騰する輸入額からは、ヴィンテージ中心の古着ブームをうかがうことができる。

古着の市場規模

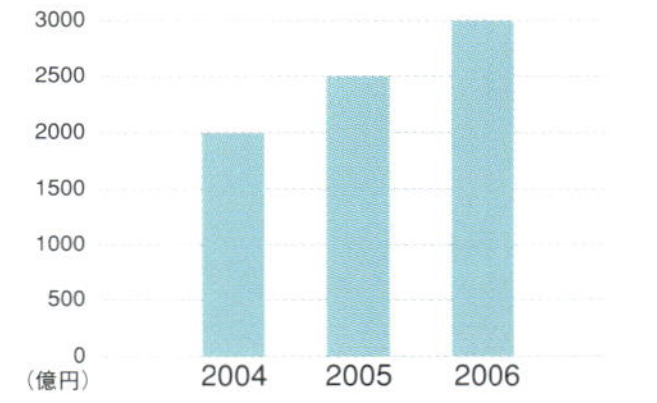

出展：日本能率協会総合研究所

古着屋のほか、フリーマーケット、リサイクルショップ、オンラインショップで販売されている古着の市場規模は、2006年度で約3,000億円。対前年比120%という高い水準で伸びていることがわかる（約1,500億円は着物リサイクル市場で占められている）。

個性的なファッションは
コンセプトを伝えるツール！

**古着屋のオーナーやスタッフは、そのお店の顔ともいえる存在。
派手でなくとも、個性的なファッションで、コンセプトを体現している。
商品を魅力的に見せるため、コーディネイトを研究しよう！**

'50年代のワークスタイルにこだわる「SHARK ATTACK」（32ページ）では、ストアマネージャーの原辰幸さんもワークキャップにオーバーオールという出で立ち。道具類をディスプレイする作業風景は、当時から抜け出てきたようだ。

キッズ古着のリメイクをする「mamimu's」（50ページ）オーナー、高柳さんは、ポップな色合いのアメカジでお客さまを出迎える。音楽が好きで、ロックTシャツを着ることが多いが、販売しているキッズ用のロックTシャツも人気だという。

カーディガンのボタンを取って代わりにピンで留め、30cmと大きなサイズのコンバースの靴紐をきつく締めてタイトに。「BERBERJIN Ⓡ」（92ページ）のスタッフ、重松健太さんの着こなしには、ユニークなアイデアがいっぱい詰まっている。

「pashat-pashat antiques」（14ページ）のオーナー、ヨシダ友香さんは、大のワンピース好き。お店で取り扱う点数も多いが、自分でも重ね着をして、普段着としてのコーディネイトを提案。アメリカの洋服は、発色が鮮やかだ。

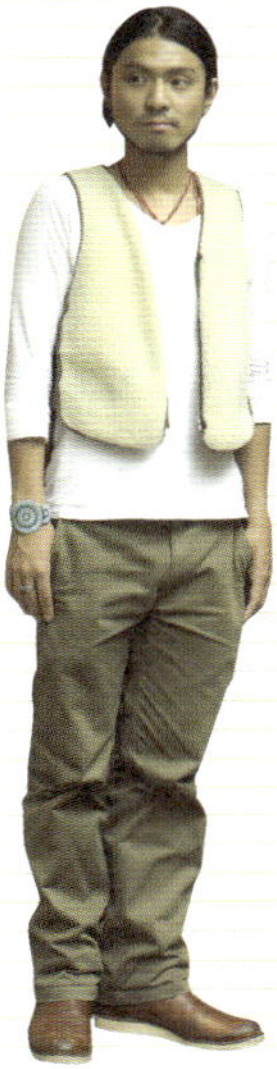

「JUMPIN' JAP FLASH」（84ページ）スタッフ、山口修平さんがボアジャケットの下に着用しているのは、オリジナルブランド「ID dailywear」のカットソーとチノパンツ。ターコイズのブレスレットや指輪と合わせ、ネイティブアメリカン風に仕上げている。

フランス古着をおもに扱っている「Oh là là」（56ページ）のオーナー、宮崎直美さん。紺色のハイネックとグレーのボックススカートという、リセエンヌ風のシンプルな服に、ファンシーヤーンのニットキャップをすっぽり被ってアクセントを。

「FUNKTIQUE」（26ページ）のオーナー、濱松さんがはいている、ペイントが飛び散ったようなパンツは、ラルフ・ローレンの新品。アメリカの上質でオーソドックスなカジュアルを提案する同店。コーディネイトをお願いするお客さまも多い。

「flower」（88ページ）プレス、川島幸恵さんが着ているのは、08年春夏の同店オリジナルアイテム。花柄シフォン素材のトップスは、フリルとドレープをたっぷりと取ってシルエットも柔らかく。ショートパンツでも女の子らしさを忘れていない。

ヨーロッパ古着を扱う「ALBERTO」（20ページ）のオーナー、堀井美保さんが着用する上着は、100年以上前につくられたもの。ホワイトの迷彩柄パンツとブーツという、現代的なアイテムとの取り合わせがしっくり見えるのはさすが。

「HELLO SUNLIGHT」（44ページ）のオーナー、上本和弘さんは、洗いざらしのダンガリーシャツとチノパンツでカジュアルに。中に着たTシャツのきれいな色合いが映えている。ヘンプ素材は上本さんのお気に入りで、ネックレスに取り入れている。

「昭和」をこよなく愛する「橘」（38ページ）のオーナー、榎本めぐみさんは、当時大流行したミニのワンピース姿。紺と白で統一したなか、アクセントになっているのは、大ファンだというピエール・カルダンの赤いロゴペンダントだ。

はじめての古着屋

オープンまでのスケジュール

オープンまでのスケジュールを立てて、手順や必要なものはできるだけ具体的にしておくこと。全体の流れをつかみ、１年後のオープンをめざそう。

1〜3 カ月目

まずは人気の古着屋を巡ってみよう

人気を集めるお店にはそれだけの理由がある。立地の選定やターゲット層、お店のインテリアや商品構成など、参考にすべきところは吸収しよう。

やっておくべきこと

- インターネット、雑誌などで最新情報を収集。
- 品ぞろえだけでなく、接客態度やお客さまの様子など、あらゆる方向からチェックする。
- さまざまなタイプのお店を回る。

▼

4〜5 カ月目

自分らしいお店をイメージしてみよう

理想のお店を具体的に思い描こう。コンセプトを基に、どんな商品を販売するか、顧客となるターゲットを想定し、細かい部分も固めておこう。

やっておくべきこと

- 自分がやりたいことでも、資金や状況によっては実現不可能なこともある。立地や客層なども含めてお店のかたちを考える。
- ほかのお店の真似ではなく、オリジナルのコンセプトをつくろう。

▼

6〜8 カ月目

オープンに向けて準備開始！

出店エリアを決め、物件探しをはじめる。最寄の駅などから実際に歩き、街や人の雰囲気も見ておくことが大切。気になる物件があれば、間取りや状態も細かくチェックしよう。

やっておくべきこと

- 希望するエリアの物件相場、競合店や客層なども調べておく。
- お店のコンセプトに沿って、必要な設備や工事、費用を確認して業者を選定。
- 海外に買い付けする場合は渡航費用なども含め、仕入れにかかる予算も計上する。

▼

9 カ月目

必要なものをそろえよう

商品のイメージに合ったインテリアや、包装材のデザインなどにもこだわりたいが、予算をオーバーしないよう、価格はよく吟味すること。

やっておくべきこと

- なかなか手に入らないアイテムも、探せば思わぬところで見つかることも。フリーマーケットやアンティークショップなども積極的に見て回ろう。
- 商品に合わせて陳列のレイアウトを決め、必要な設備なども確認。

▼

10 カ月目

お金の準備をしっかりと！

開業後の運転資金を考慮して、初期投資はなるべく抑えたい。融資を受ける場合は利率の低い政府系や自治体の金融機関にまずは相談しよう。

やっておくべきこと

- 開業にかかるお金を計算し、金融機関や家族など、借入先も調べておく。
- 開店直後に必要なお金と、売り上げ目標を出す。
- 開業計画や運営方法、収支計算なども考えておく。

▼

11〜12 カ月目

さあ、オープン直前

店名を決めて、お店のロゴや看板をつくる。接客方法も確認してルールを決めていく。オープン予定日を決定したら、チラシなどで宣伝しよう。

やっておくべきこと

- 本番同様にリハーサルを行い、問題点をチェック。
- 仕入れ手順、在庫管理などを見直しておく。
- 警察署や税務署などへの届け出、近隣への挨拶もきちんとしよう。

*Contents

Original Brand
Collaboration!

¥357,208….
+−

USED

チェック!

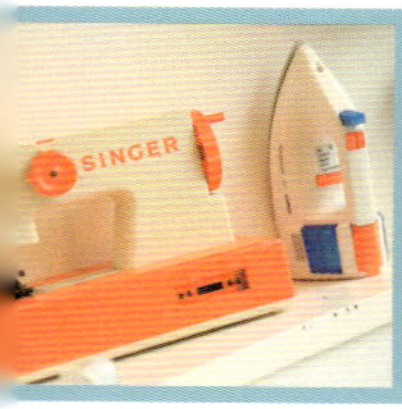

コアなファンを惹き付ける専門店

懐かしのアイテムがあふれる
昭和レトロな世界

*001
橘
▶ P038

スポーツブランドを極めた品ぞろえで
実店舗とネット販売が連動

*002
HELLO SUNLIGHT
▶ P044

リメイクで「ここにしかない」1着を

アメリカン・カジュアルなキッズ古着と
手づくりのオリジナル＆リメイクもの

*001
mamimu's
▶ P050

手を加えれば、古着もおしゃれ着に！
リフォームワザが光る、小さなアトリエ

*002
Oh là là
▶ P056

第1章

求められる品ぞろえ&お店づくりを学ぶ

街で人気の古着屋を

古着はすっかりファッションの一部として定着しました。
コーディネイトの一部に取り入れる「一点もの」としての需要が高まっているのです。
高価なヴィンテージではなく、安心して買うことができる値段で、
日常の着用に耐えうる品質の良いものが求められています。
それぞれの古着屋の品ぞろえや業態も、
多様化するニーズに合わせ、個性的に変化しています。

セレクトが自慢！ レギュラー古着のお店

原宿の路地裏に開く、女の子のための
ハッピーなクローゼット

*001
pashat-pashat antiques
▶ P014

ヨーロッパ古着がいっぱい！
お茶もできる、目黒川沿いの一軒家

*002
ALBERTO
▶ P020

古着以外にも目玉商品が！ MIXなお店

古着と新品を、同じ目線で提案！
地元のファッション好きに支持されるお店

*001
FUNKTIQUE
▶ P026

アメリカの50'sの世界観を
古着＋インテリアで展開

*002
SHARK ATTACK
▶ P032

原宿の路地裏に開く、女の子のための
ハッピーなクローゼット

路地裏という立地にありながら、
オーナーの人柄とセンスの良さに惹かれた女性が数多く来店。
アットホームかつ華やかな雰囲気は、さながらクローゼットのよう。
自分の服をピックアップするような感覚で、洋服選びができる。

*Shop Concepts
オーナーの
こだわり

*location
立地

裏路地の閑静な住宅街に立地させた結果、口コミで質の良いお客さまが多く来店。

*interior
お店づくり

7坪の狭い店内を広く感じさせ、服の彩りも映えるように内装は白を基調に。

*service
接客

商品の特徴やお勧めのポイントを把握したうえで接客する。必要に応じて自ら試着も。

pashat-pashat antiques《パシャパシャアンティークス》
東京都渋谷区

“ハッピーなクローゼット” がテーマのアメリカ古着のお店。日本人女性の体形に合わせた小さめサイズのワンピースやスカートなどがそろう。アクセサリー類も充実しており、アドバイスを受けながらトータルなコーディネイトも楽しめる。

01

02

03

04

05

01** 白を基調とした店内に、アンティーク家具の味わいと、商品の色彩をプラス。 ***02*03*05** “ショーガールの楽屋”は裏テーマ。エントランスに刺繍の額などを配したプライベートな雰囲気の店内には、“派手すぎるかも？”というくらい鮮やかな色の商品も。04** 洗面室をフィッティングルームとして利用。洗面台や壁のタイルはそのままにし、ここでもプライベートな空間を演出している。

10人来店したら10人に買ってもらえる店づくり

東京・原宿の表参道から1本入ると、そこは落ち着いた家並みに個性的なお店が見え隠れする街。″裏原″と呼ばれるこの地域のさらに奥、昭和の面影が残る古いマンションに「pashat-pashat antiques」がある。

オーナーのヨシダ友香さんは、人通りが多くはないこの場所をあえて選んだという。

「お客さまがゆっくりと洋服を選ぶことができて、自分だけが知っている、という感覚をもってもらえるようなお店にしたいなと思って」

わかりづらい立地とはいえ、ファッションにこだわる若者の注目度が高いエリアでもあり、お店は繁盛している。2005年にオープンして以来、ネットショップも開設するほか、06年10月には新たに同じマンション内に部屋を借り、2階をプレスルーム、1階を店舗と拡大した。

「来店するお客さまのほとんどは、通りすがりではなく、口コミや雑誌の記事などでお店を知った方。商品の傾向をあらかじめ知っているので、似合う服を提案すれば買ってもらえる可能性は高いんです」

お店に興味をもっているお客さまを迎えることで、その数は少なくとも、質の高い接客ができるという。とくに会話は重視し、「100人来て10人に買っていただくよりも、10人に来ていただいて10人に買ってもらえるようなお店」をめざしている。

経験を積んでからの開業 幅広い人脈を築いた点も強みに

「気に入った服しか仕入れない」のがヨシダさんのポリシー。学生時代に古着屋でアルバイトをはじめ、買い付けや店長の経験を積むなかで、自分の好きなものが多くの人に受け入れられるという確信を得た。

開業前には友人の新ブランド立ち上げを手伝い、企画やプレスも務めた。こうしたなかで築いた人脈も強みになったとヨシダさんはいう。

01

02

03

04

05

*01　品ぞろえ充実のワンピースは5,900円〜。スカートやブラウスなどのフェミニンな商品が多い。*02　秋〜冬のお勧めは花柄刺繍ニットとボヘミアンスカートの組み合わせ。オン／オフ両方のコーディネイトを提案するが、これはオフの一例。*03*04　シューズやピンズなど、個性的なデザインの小物が並ぶ。*05　「古着屋のお姉さんにあこがれていた」ヨシダさん。現在では専門学校で古着屋の運営方法や接客についての講義を行うことも。

充実した品ぞろえのワンピースは アメリカ独特の発色の良さが特長

「良い物件をすぐに見つけられたのも知り合いのスタイリストさんの紹介のおかげ。オープン時には雑誌にも取り上げてもらえました」

ファッション業界に身を置いて以来、モデルやスタイリストとも長い付き合いだ。

「彼女たちの来店時には、了解を得て、その様子を写真に撮りブログに掲載しています。モデルやスタイリストが来るお店であれば、いい商品があるのではないかという期待をもってもらえますからね」

出会いを大切にして、多くの人からの協力を得たことも、成功の要素となった。

"楽しむことが第一"という姿勢がお店の個性に

ヨシダさんは、3カ月に一度のペースで1週間ほど渡米する。レディースといえばヨーロッパ古着をイメージしがちだが、「アメリカの洋服は、ヨーロッパのものに比べて発色がはっきりしているんです。そのほ

お店づくりのワザを学べ！

skill_01 お店づくりのポイントは？

中高生のころから、海外のファッション雑誌を読み、楽器屋やＣＤショップを見て回っていた。もちろん古着屋にも通い、「仲良くなったお店でお手伝いをしたことも。大学生になってからは本格的にアルバイトしていました」

こうして感性が磨かれたのか、店内に置かれたアンティークの調度品や、陳列に利用している家具は味わい深い。「フリーマーケットや骨董市などで買ったのですが、なかには自分で組み立てたものも。家具にも興味があるんです」というだけあって、その取り合わせにもセンスが感じられる。

skill_02 品ぞろえのこだわりは？

ワンピースの品ぞろえが充実。サイズは日本のサイズで7号がメイン。「おしゃれな女の子は体型にも気を使っている方が多いので、サイズもそれに合わせています。また、従来の古着屋のように商品をぎっしりと詰め込むのではなく、アイテムごとにゆとりをもたせて並べ、コーディネイトするのにピッタリなアイテム同士を隣り合わせて置きます」と、陳列にもひと工夫している。

古着ファッションにあこがれるきっかけとなった、70年代の『VOGUE』。古い雑誌は現在でもコーディネイトの参考になる。

skill_03 接客のスタイルは？

「ヴィンテージにこだわったり、値段の安さを売りにしたりするお店もありますが、私は、自分が好きだと思うものしか扱いません。売れ残ったら自分が着ればいいという覚悟ですが、そんな気持ちでいると、同じように好きだと感じるお客さまが不思議と集まってくれるんです。お店に来るというよりも、私やスタッフに会いに来てくれるという感じですね」

スタッフは全員、気になる服があれば試着をし、その服のどこが良いのか、どういうコーディネイトを楽しめるかなど、商品の魅力をきちんと把握するように心がけているという。すると接客中も「この服ってここがいいよね」と会話が弾み、まるで共通の趣味をもつ友達同士のような会話が生まれる。「ちょっと、街を見てくる」といって店を離れ、再び戻ってくるお客さんもいるという。原宿という街にあるからこそ、ショッピングを楽しむうえでの拠点としても親しまれる。

確実な売り上げに結び付く、コアなファンを獲得する接客術だといえる。

skill_04 開業資金の内訳

店舗取得費	2,500,000円
内装工事費	100,000円
インテリア類	200,000円
運転資金	300,000円
仕入れ費	500,000円
合計	3,600,000円

SHOP HISTORY オープンまでの歩み

1997年
学生時代、原宿の古着屋でアルバイトをはじめる。またアメリカに短期留学し、現地のフリーマーケットや古着屋で購入した商品をアルバイト先で委託販売。

2001年
卒業後、アルバイト先に就職。多店舗展開し、計3店の店長やアメリカでの買い付けを任される。

2003年～04年
古着屋を退社後、友人の新ブランド立ち上げを手伝う。その後、古着屋開業を決意。

2004年10月
知り合いの紹介で店舗物件が見つかり契約。開店準備開始。

2005年1月
オープン。

the shop illustrated

図解でわかる人気のヒミツ

ヘアサロンの内装とアンティーク、手づくりを組み合わせ、居心地の良い空間に。

スカート・小物
スカートとブラウスが掛かるハンガーラックも手づくり。
陳列棚 ― ❸
ワンピース
イチ押し商品であるワンピースは目立つ位置に陳列。
鏡・照明 ― ❶
シューズ類
コーディネイトしやすいよう、服の下にパンプス中心に陳列。
イス
イスにクッションを置き、居心地の良さを演出。
ハンガーラック ― ❷
フィッティングルーム
マンションの洗面室にカーテンで間仕切り。そのまま活用している。
トルソー
エントランス前ではコーディネイトされたトルソーがお出迎え。

*point

自室のクローゼットのような気軽さと、ショーガールの楽屋のような心躍る雰囲気を演出した店内。

うが私の好みなので」アメリカの70年代ものを中心にセレクト。白を基調にした店内に、色とりどりのアイテムがよく映えている。

「これって可愛いとか、私自身が着てみたいと思うものばかり。〝私のクローゼットに遊びに来て〟という感覚です」

店舗はもともとヘアサロンで、居抜きのまま壁一面の鏡は残すことにしたが、大きな鏡に映る自分の姿はまるで、楽屋で衣装を選ぶショーガールのようで心が躍る。それに気付いたヨシダさんは、電球を暖色のものに交換し、壁に時計を掛けることで、店内をより「楽屋」の雰囲気に近づけた。

「まずは自分がお店を楽しむことが第一」という姿勢が工夫を生み、そのままお店の個性に。それが路地裏の隠れ家的ショップに、多くの人を惹き付ける魅力なのだ。

Owner's Choice

とことんこだわり惚れ込むことで、お客さまの信頼を獲得

ヨシダさんは普段から古着を好んで着こなす。なかでもとくにお気に入りのアイテムはワンピースで、買い付けもついつい多くなるとか。汚れや傷などのダメージのある商品はいっさい扱わず、必要に応じて現地で試着し、着心地やデザインなどをチェック。納得できたものだけを仕入れる。

そんなヨシダさんを知る親しい常連客のなかには、「本当はこのワンピース、自分で着たいんでしょ？」という「図星の突っ込み」を入れるお客さんもいるそうだ。それだけこだわって惚れ込んだアイテムは、お客さまにとっても魅力的らしく、ヨシダさんが商品を自分のものにすることができるのはまれだという。

「いろいろな色、柄、デザインを楽しめるのがワンピース。パンプスやブーツ、ときにはパンツなど、合わせるボトムスによっても表情は変わります。コーディネイトを提案することにより、その魅力を多くの人に知ってもらいたいです」

ハンガーラックの下には毛皮を、アンティークの棚にはカラフルな布をといった、小物使いにセンスが光る。

❶

ヘアサロン時代からあった壁一面の鏡。上には、暖色の電球が並んで灯り、レトロな時計がときをつげる。舞台の前に衣装を選ぶショーガールになった気分で心が躍る。この鏡を見て、ヨシダさんはコンセプトに“ショーガールの控え室”というテーマを加えた。

❷

パイプと金具を購入して手づくりしたハンガーラック。お客さまが手に取りやすい高さに設定して、空いた上部の空間に、間接照明を加えた。発色の良いワンピースは大まかな色別にディスプレイ。ラック全体が虹のような美しいグラデーションになっている。

❸

ベルトやバッグなどの小物を陳列しているアンティーク家具は、日本の古い薬局や洋品店のものをネットオークションで購入。棚にはカラフルなスカーフなど敷き、古びた味わいのなかにも華やかさをプラス。帽子とブラウスを飾ったシンプルな棚は、イケアのもの。意外な組み合わせだが、うまくお店に馴染んでいる。

*shop data

pashat-pashat antiques《パシャパシャアンティークス》

住所／東京都渋谷区神宮前6-16-2 マンションミクラ102
TEL／03-5467-8040
営業時間／12:00～20:00
定休日／無休
URL／http://www.pashat-pashat.com/
http://www.onthepp.com/

*message from the owner

オーナーからのメッセージ

人通りの少ない場所でも
商品に対するこだわりがあれば
必ずファンになってくれる
お客さまは集まります。
まずは自分がお店を
とことん楽しみましょう！

ヨーロッパ古着がいっぱい！
お茶もできる、目黒川沿いの一軒家

子どものころにぼんやりと描いた夢が、地元・中目黒であれよあれよという間に実現。
ヨーロッパ古着を中心に扱いながら、
希望のお客さまにはクレープなどのカフェ営業も行う。
肩に力の入っていない、若き“脱力系”オーナーそのもののようなお店だ。

*Shop Concepts
オーナーのこだわり

*location
立地

中目黒は、都心に比べると若干家賃が低め。ながめの良い目黒川沿いの物件を探した。

*commodity composition
商品構成

ヨーロッパ独特の織り生地を使用したデッドストックTシャツは、品ぞろえが充実している。

*concept
コンセプト

商品を、広い店内に余裕をもたせ、あえて雑多に陳列。ペット同伴OKの、自由なお店。

ALBERTO アルベルト
東京都目黒区

目黒川沿いに建つ一軒家を、店舗として改装したヨーロッパ古着屋。お店の常連はもちろんのこと、中目黒散策に訪れた人がぶらっと立ち寄ることも多い。什器の多くはオーナーの手づくりだ。お茶しながら買い物もできる、楽しい空間。

02

05

01 03

04

06

01** 入り口をテラスにし、一軒家の印象を明るくした。コーディネイトされたトルソーがお出迎え。02** 無造作なコートのディスプレイは、宝探しのようで楽しい。***03** 階段下には、お店のキャラクター、アルベルトのグッズが満載。***04** クリアファイルとハンガーで、ランプシェードを手づくり。***05** 看板犬、ミシェルも人気。希望すればカフェメニューもある。***06** 雑貨は堀井さんの好きなアンティークが中心。

23歳という若さで中目黒に古着屋を開店

インテリアやファッションに敏感な人が集まる街、中目黒。「ALBERTO」は、とくに人気の目黒川近くにある、ヨーロッパ古着を扱う真っ白な一軒家のお店だ。明るく開放的な1階、2階の両フロアには民家の名残で部屋があり、約1000点の古着と雑貨が一見雑然と、しかしゆとりをもってディスプレイされている。オーナーの堀井美保さんは2005年、23歳という若さでこの店をオープンした。

中学生のころから「洋服店をやりたい」という夢はあったが、具体的に動きはじめたのは大学卒業後。会社に就職し、同時に不動産会社に物件探しを依頼した。いい物件があったと連絡が入った1年半後、すぐに準備を開始。1カ月でお店をオープンさせた。「会社を辞め、事務手続きをしてから工事を発注。工事期間中にヨーロッパへ買い付けに行きました」

資金不足にもハプニングにも、柔軟かつスピーディーに対応

社会人2年目の堀井さんには、潤沢な資金があるわけではなかった。そのため改装工事は最小限に。

「明るく入りやすいお店にするため、庭にサンルーム風のテラスをつくり、エントランスにしました。大きな工事はそれだけ。あとは当初2階部分でレコードを販売するつもりだったので専用の棚とDJブースをつくり、床にフローリングを張りました」

もともと白かった壁はそのまま利用し、押し入れなどには白い布を張った。そのほかの什器は自作のものが多い。クリアファイルを切ってつないだランプシェードのほか、100円ショップでそろえたハンガーが掛かるラックも、木の棒をワイヤーで天井から吊った手づくり。商品を並べるテーブルの天板には、大理石を貼って風合いを出した。

レコードの販売はストックに予想

01

02

03

04

05

06

01*02** カフェメニューは「アイスコーヒー」300円や、注文を受けてから焼き上げる「クレープ りんご煮」600円など。クレープの生地は、堀井さん自ら試行錯誤してつくった。03** Tシャツはデッドストックのため、5,800円〜と少々値が張るが、クタっとした独特の風合いに、コレクターも多い。***04** 壁やイスなどを白で統一することで、一見無造作なディスプレイがおしゃれな印象に。***05** オリジナルバッグはレザーやアンティークのレースを使った堀井さんの手づくり。赤24,800円、茶20,800円。***06** ホテルのルームナンバープレートを再利用したピアス900円や、イタリアの布を使ったネックレス6,800円など、アクセサリーにもひとひねり。

古着目的？ カフェ目的？ どちらもアリの自由なお店

以上の資金が必要だと判明しあきらめたが、古着店は予定通りオープンにこぎつけた。「最初は店内ががらんとしていて。そこで、2階でのカフェ営業を思い立ったんです」

すぐに食品衛生責任者の講習を受け、営業を開始した。「商品が増え、いまはカフェ専用のスペースはありませんが、商品を移動してお茶を飲んでもらうこともできます」

レコード用の什器も有効活用している。レコード棚やDJブースはTシャツのディスプレイに役立ち、CDラックには小物や靴を陳列。すべて白で統一したため、違和感なく溶け込んでいる。また、音響設備もお店のBGMを流すのに便利だ。

地道に歩き倒して得たヨーロッパでの買い付けルート

「ヨーロッパは都市が小さく、1つの国内で移動する距離は少なくてすみます。それでも重い荷物を持って歩き回らなければならないので、体力は必要ですよ」と堀井さん。

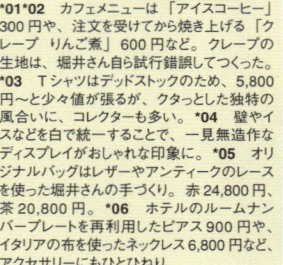

お店づくりのワザを学べ！

skill_01 品ぞろえのポイントは？

「サイズが一番重要」と堀井さん。小柄な日本人に合う小さめのサイズの商品を集めるのに苦労するという。また、季節感も重要。現地のフリーマーケットやお店でも、たとえば寒くなってからでなければ冬物は出回らないので、買い付けはギリギリのタイミングになる。

ファッション誌に目を通し、最新の流行はチェックして出かけるが、必ずしも流行のアイテムばかりが手に入るわけではない。あとは「かっこいい／かっこよくない」で判断することに。メンズのブーツなら、かかとのあるドレスブーツに絞るといった、堀井さんならではのこだわりも。流行のアイテムに合わせられるか、あるいは組み合わせでどうかっこよく見せられるかが重要になる。

skill_02 ディスプレイの方法は？

Ｔシャツは２階のレコード棚を利用して、フロントの絵柄がわかるよう陳列したり、押し入れの部分にはノートやレターセットなどの小物を置いたりと、部屋や棚ごとにアイテムをカテゴライズ。ただし、サイズや色・柄は混在させ、服はあえてきっちり畳まないようにしている。「日本の洋服屋って、整然としすぎていませんか？」と堀井さん。ヨーロッパのお店のラフなスタイルにならい、あえて雑然とさせたディスプレイは、好みの品を「見つけ出す」楽しさがある。

skill_03 民家を店舗として改築するには？

もともと白一色だった壁の色を生かし、間仕切りやドアを取り払うことで、民家の間取りをうまく店舗に利用できた。また、入りやすいお店にするため、庭の部分にサンルームのようなテラスをつくり、エントランスとした。

この改築を行った際、テラスの天井と壁にはすき間を残し、一方の窓は開けて、風の通りを良くした。密ぺいした空間では新たな部屋の増築と見なされ、建物に対する税金が増加してしまうのだ。テラスにすることで、大家さんの負担増を避けつつ、明るく広々としたお店づくりを成功させた。

テラスに屋根をつけないことで採光性が高くなり、店全体が明るくなった。

skill_04 開業資金の内訳

店舗取得費	3,000,000円
内装工事費	2,000,000円
インテリア類	300,000円
仕入れ費	1,000,000円
合計	6,300,000円

SHOP HISTORY オープンまでの歩み

1995年
中学1年生で、漠然と「洋服屋」をやりたいと思いはじめる。

2004年3月
大学卒業後、就職。また同時期、不動産会社に店舗物件の依頼をする。

2005年9月
店舗物件が見つかる。会社を辞め、さまざまな事務手続き、店舗の改装工事、古着の買い付けなど、オープンまでの1カ月、嵐のような時間を過ごす。

2005年10月
オープン。

2006年3月
食品衛生責任者の資格を取得し、店舗2階部分でカフェ営業を開始。

the shop illustrated

図解でわかる人気のヒミツ

*point
壁や什器のメインカラーは白で統一。赤い商品やイスをところどころに配置して、ポイントに。

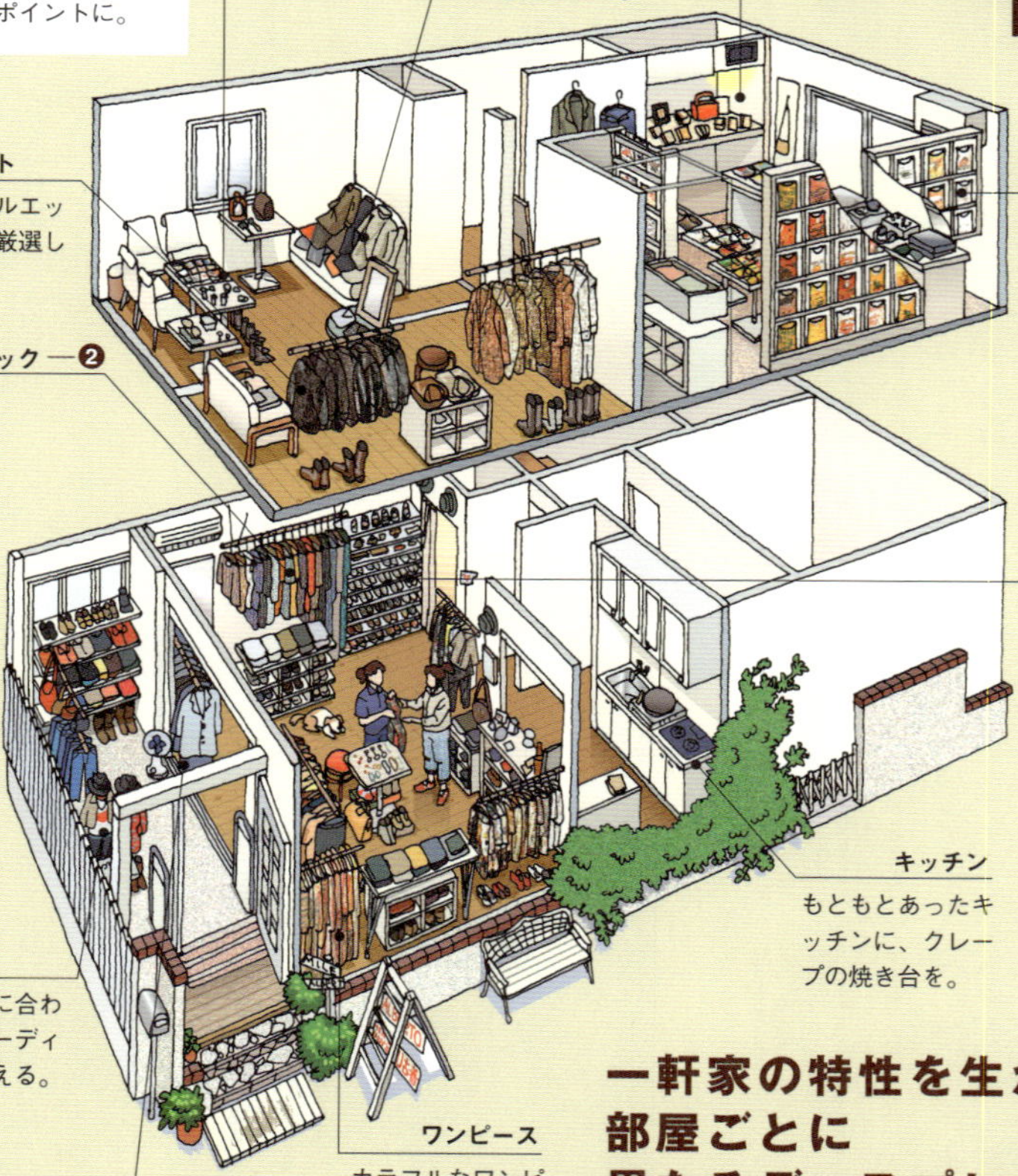
テーブル ―❸
コート類
ソファの上に山積み。宝探しのような感覚になる。
押し入れ
内部に白い布を張り、小部屋のような雰囲気に。
革ジャケット
タイトなシルエットのものを厳選している。
Tシャツ棚 ―❶
ハンガーラック ―❷
靴
CDラックに、スニーカー中心の靴をディスプレイ。
キッチン
もともとあったキッチンに、クレープの焼き台を。
トルソー
季節や天候に合わせ、毎日コーディネイトを変える。
テラス
採光性の高いテラスを増設し、エントランスに。
ワンピース
カラフルなワンピースを、目立つ場所で展開。

一軒家の特性を生かし、部屋ごとに異なるディスプレイを展開

買い付けは1回約2～3週間で、フランスをはじめヨーロッパの5～6カ国を回る。経験はなかったが、学生時代に身に付けた語学力を武器にひたすら歩いた。いまでは馴染みのお店も。「何度か足を運ぶと、お店の人が覚えてくれて、商品を安くゆずってくれたり、ほかの買い付け先を教えてくれたりするんです」

　また、ヨーロッパで出回る古着は、ベーシックなものが多い。仕入れる商品を選ぶポイントは「第一にサイズと季節感、次にセンス」だという。「日本人の体形に合う、小さめのサイズを探すのが一番大変ですね」

　ファッションの傾向にも気を配りつつ、流行の服に合わせやすいアイテムを選ぶのが重要だという。ストックはもたず、商品が多いときにはあえて乱雑に積み重ねてディスプレイしたり、反対に少ないときには広い間取りを生かしゆったりと陳列したりと工夫する。

　臨機応変な堀井さんならではの、いい意味で"力の抜けた"お店だ。

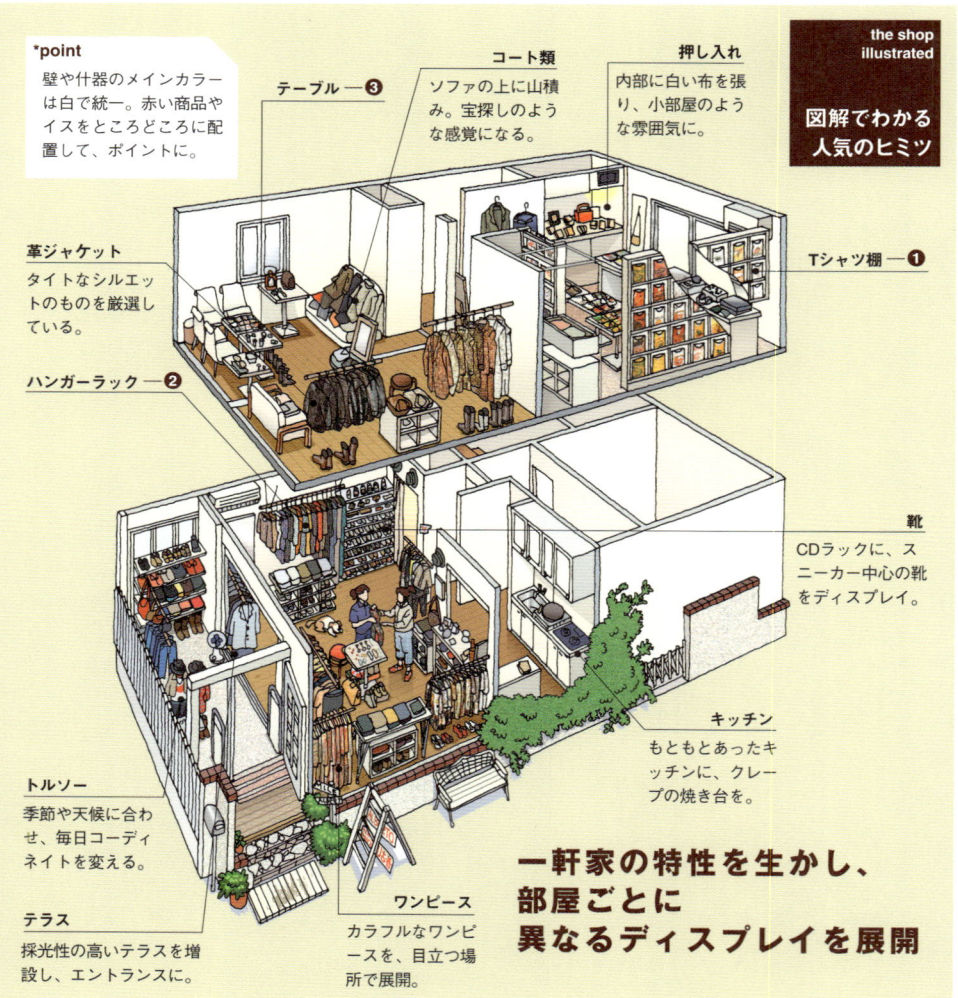

Owner's Choice

店名の由来、イタリアの有名キャラクターは幸運の印

店内のあちらこちらに出現するコミカルな青いオオカミのキャラクター。「LUPO ALBERTO（ルポ　アルベルト）」がその名前で、店名の由来にもなっている。

「学生時代にイタリア旅行した際、現地でよく目にしたんです。可愛いと思ってノートを買ったのがはじまり」だという。

帰国後もそのノートを持ち歩いていたところ、就職活動で内定が出るなど、大小さまざまな幸運が続いた。そこでお店をオープンする際にはゲンを担いで名前を拝借することに。

「作者のSILVERさんにメールを出したところ、アポが取れたので、イタリアまで行ってお会いしてきました。私が若いからかもしれませんが、無料で使ってもいい、と承諾してもらえたんです」

こうして日本で唯一のオフィシャルショップとなった。堀井さんの成功の秘訣、運の良さとそれを逃さないフットワークの軽さが、このエピソードに表れている。

「看板オオカミ」、ALBERTOは、値札にも登場。独身男性をモデルにした、コミカルでいながら哀愁も漂うキャラは、イタリアでは国民的な人気がある。

1

当初レコードを販売するつもりでつくったレコード棚とDJブースを、Tシャツ棚としてそのまま利用。柄やロゴがよく見えるようレコードジャケット大の厚紙を入れてディスプレイし、部屋全体をカラフルに彩る。DJブースはお店のBGMを流す際にも使用している。

2

木の棒を、天井からワイヤーで吊るしたラックは手づくり。材料費は１つ500円程度におさまった。通常の脚付きラックより足元のスペースが空くので、ブーツやバッグなどを並べ、コーディネイトを提案できる。また、シンプルなハンガーは100円ショップで一度に購入した。

3

全部で10台あるテーブルの材料費は合計10万円以下。石材を扱う会社に勤める先輩からガーデニング用の大理石を購入し、普通のテーブルの天板に貼った。ヨーロッパの石畳のような風合いが、アンティークのカップや灰皿、天秤といった雑貨としっくり馴染む。

*shop data

ALBERTO《アルベルト》

住所／東京都目黒区青葉台1-17-4
TEL／03-3770-5991
営業時間／12:00～21:00（日曜～20:00）　※時間は多少前後します。また、日曜以外は事前に連絡すれば24:00まで延長可
定休日／月曜
URL／
http://www.alberto.co.jp/

*message from the owner

オーナーからのメッセージ

「アパレル」
「ヨーロッパへ買い付け」と
いう言葉から、華やかな
イメージをもたれがちですが、
じつは体育会系の重労働。
それを理解し、
厭わないことが大切です。

古着と新品を、同じ目線で提案！
地元のファッション好きに支持されるお店

「海賊船」をテーマにした、ファッショナブルな店内。
古着・新品の区別はつけず、「いいものは長く残る」という観点から
ブランドものを中心に、スタンダードな品ぞろえをする。
近隣の都市からも洋服好きな人が集まり、ファッションの発信地的な役割をするお店。

*Shop Concepts
オーナーのこだわり

*location
立地

地方都市の郊外は家賃が比較的安い。十分な在庫スペースを確保できる、広い物件を借りた。

*service
接客

お客さまの警戒心を解くため、まずは挨拶から。何気ない会話でも、売り上げ増につながる。

*commodity composition
商品構成

古着と新品の区別をつけずにディスプレイ。スタンダードなものを中心に、レアな古着も。

FUNKTIQUE ファンティーク
福島県いわき市

福島県JRいわき駅南口から車で約5分。近隣にファッションを扱うお店が少ない地方では、タウン誌や口コミなどの情報が素早く伝わる。人通りが少ない場所にも、幅広い年齢層のお客さまが来店。

01

02

03

04

05

06

01*02*06** 船の接岸ロープを巻き付ける木製のローラーを入手して陳列台に利用し、地球儀を上に。壁に飾られたレリーフや胸像など、海賊船のモチーフは店内の随所に見られる。03** 試着室の前にはソファを置き、恋人や友人が着替えている間、ゆっくり待つことのできるよう配慮。***04** アクセサリー類はレース編みの上にディスプレイ。***05** 革のベルトは模様がはっきりと見えるよう、くるりと巻いた状態で陳列する。

古着・新品の区別なく スタンダードな品ぞろえを

福島県いわき市の中心部から車で5分の郊外に、「こんなおしゃれなお店が」と思うような古着屋がある。シックなこげ茶の内装に、クラシカルなシャンデリア。コーナーごとにきちんとまとめられた商品に「古着屋だと気づかないお客さまも多いんですよ」と、このお店「FUNKTIQUE」オーナーの濱松聖さん。

実際、お店には新品も2割程度は並んでいる。「スタンダードな良いものは、時代を超える」という信念のもと、濱松さんがアメリカから買い付ける商品は、ラルフ・ローレンやリーバイス、チャンピオンといったブランドを中心に、しっかりとしたつくりのものが多い。

「洋服のコーディネイトに、古着を加えればファッションの幅が大きく広がります。時代を問わず、良いものをそろえ、組み合わせを提案するのが主眼なので、ディスプレイでは新品と古着を明確に分けていません」

もちろん、値札には「NEW」「USED」の表記を付け、お客さまに知らせる工夫は怠らない。

ニューヨークへ渡り、仕入れルートを開拓

都内の服飾系専門学校でファッションビジネスを学んだ濱松さんは、同時にアパレル関連のアルバイトも開始。いろいろなお店で働くうちに「古着屋を開こう」と決意した。卒業後も古着屋でアルバイトを続け、東京から沖縄まで全国各地の古着屋を見て回る〝修業の旅〟にも出た。

「品ぞろえ、店づくり、接客やお店の運営などの勉強になりましたが、一番肝心な仕入れについては知ることができませんでした。それで、自分でやるしかないと」ニューヨークに住む友人を訪ね、現地で仕入れルートを開拓することに。

「フリーマーケットやスリフトショップ、ラグなどで買い付けをして、日本のフリーマーケットで売ったり、

01

03

04

05

02

06

01**　レディースは全体の3割程度。刺繍ものなど、可愛らしいアイテムがそろう。02**　カウンター裏にはターンテーブルを設置。お客さまにリラックスして買物をしてもらえるように、客層に合わせて音楽を変えることも多いという。***03*06**　キノコ柄のシュガーポットや、ファイヤーキングのカップといった、古着屋で人気のアンティーク雑貨も扱っている。***04**　80年代RUN DMCのTシャツは、レアな商品のひとつ。***05**　整然と並べられたシューズ。片足だけの陳列は、盗難防止にもなる。

定番×レア、新品×古着のMIXを提案する品ぞろえ

古着屋で委託販売したり。しばらく滞在するうちに、現地のお店の人とも仲良くなり、仕入れ先を教えてもらうこともできました」

そうするうちに、アディダスのデッドストックものを仕入れる機会を得た。これが国内で大ヒットし、多くの古着屋で評判に。以後、卸売業が本格化した。

地元の〝地の利〟に目をつけ故郷に出店することを決意

卸売業が軌道に乗り、都内の古着屋の間では有名人になった濱松さん。東京でお店を開くこともできたが、選んだのは故郷のいわき市だった。「将来戻ることを見越して、それならはじめから故郷で地盤づくりをするのが得策だと思ったのです」

周囲にファッションを扱うお店はなく、不利とも取れる立地を「仙台（宮城県）や郡山（福島県）、水戸（茨城県）といった、周辺からの集客も見込める」と、ポジティブに考えた。とはいえ、半径100キロ圏内の

お店づくりのワザを学べ！

skill_01｜お店づくりのポイントは？

オープン当初は、清潔感を重視するお客さまの趣向に合わせて店内は白で統一していた。お店が地元で受け入れられてきた２年半後、2007年３月に、遊び心を加えてリニューアル。古着探しを宝探しになぞらえ、お宝が満載の「海賊船」をモチーフにした。

一貫しているのは「いわゆる古着屋のイメージ」を避けること。商品は状態のいいものを仕入れ、清潔にしてきちんと陳列し、新品と見分けがつかない状態で販売している。

リニューアルにあたり、改善した点も多い。「お客さまが手に取りやすい高さを自分で計算して特注した」ハンガーラックを、店内に配置。「ベビーカーを押して入店されるお客さまや、カップル・友人同士など複数で来られるお客さまに配慮して、通路はゆったりと取りました」

また、試着室の前にはソファを置き、恋人や友人の着替えをゆっくり待つことのできる工夫も。トップスから靴までのコーディネイト例を多数ディスプレイしているのも、着こなしの参考にという濱松さんの配慮だ。

アメリカでひと目惚れして購入した棚。送るのに苦労しただけに、思い入れがあるという。ファイヤーキングのマグを陳列している。

skill_02｜接客のスタイルは？

「いい品をただ並べるだけ、という商売は、地方都市では成り立ちません」と濱松さん。新しいものに対する警戒心が強いため、まずは緊張を解いてもらうことが重要だという。

「お客さまの様子をうかがいながら、できるだけ話しかけるようにしています。その際は、ただの挨拶からでもかまわないのです」

話題が洋服のことになると、コーディネイトを希望されるお客さまが多いという。

skill_03｜仕入れの方法は？

仕入れで渡米する際には１週間から10日間ほど滞在し、スリフトショップやラグなど100店近くを訪ねる。日常会話レベルの英語力を駆使し、ショップで買い付ける。

「店員と仲良くなって仕入れ先を紹介してもらうことも。アメリカは日本と比べて流通システムが単純なので、意外と簡単に元を辿ることができる。工場を直接訪ねることもありますよ」

skill_04｜開業資金の内訳

店舗取得費	600,000円
内装工事費	2,000,000円
インテリア類	500,000円
運転資金	1,500,000円
仕入れ費	2,000,000円
その他	400,000円
合計	7,000,000円

SHOP HISTORY オープンまでの歩み

1998年春
福島県いわき市から上京。東京の服飾系専門学校に入学し、ファッションビジネスを学ぶ。

2000年春
卒業後、古着屋の開業をめざし、東京の古着屋などでアルバイトをしつつ全国各地の古着屋を巡る。品ぞろえや店づくりを勉強。

2003年ごろ
アメリカへ何度か渡って商品を買い付け、国内の古着屋での委託販売やフリマでの販売をはじめる。やがてデッドストック商材を中心に売上げを伸ばし、卸売業が軌道に。開業資金を貯える。

2004年夏ごろ
帰省して古着屋の開業を決意。

2004年11月
オープン。

the shop illustrated
図解でわかる人気のヒミツ

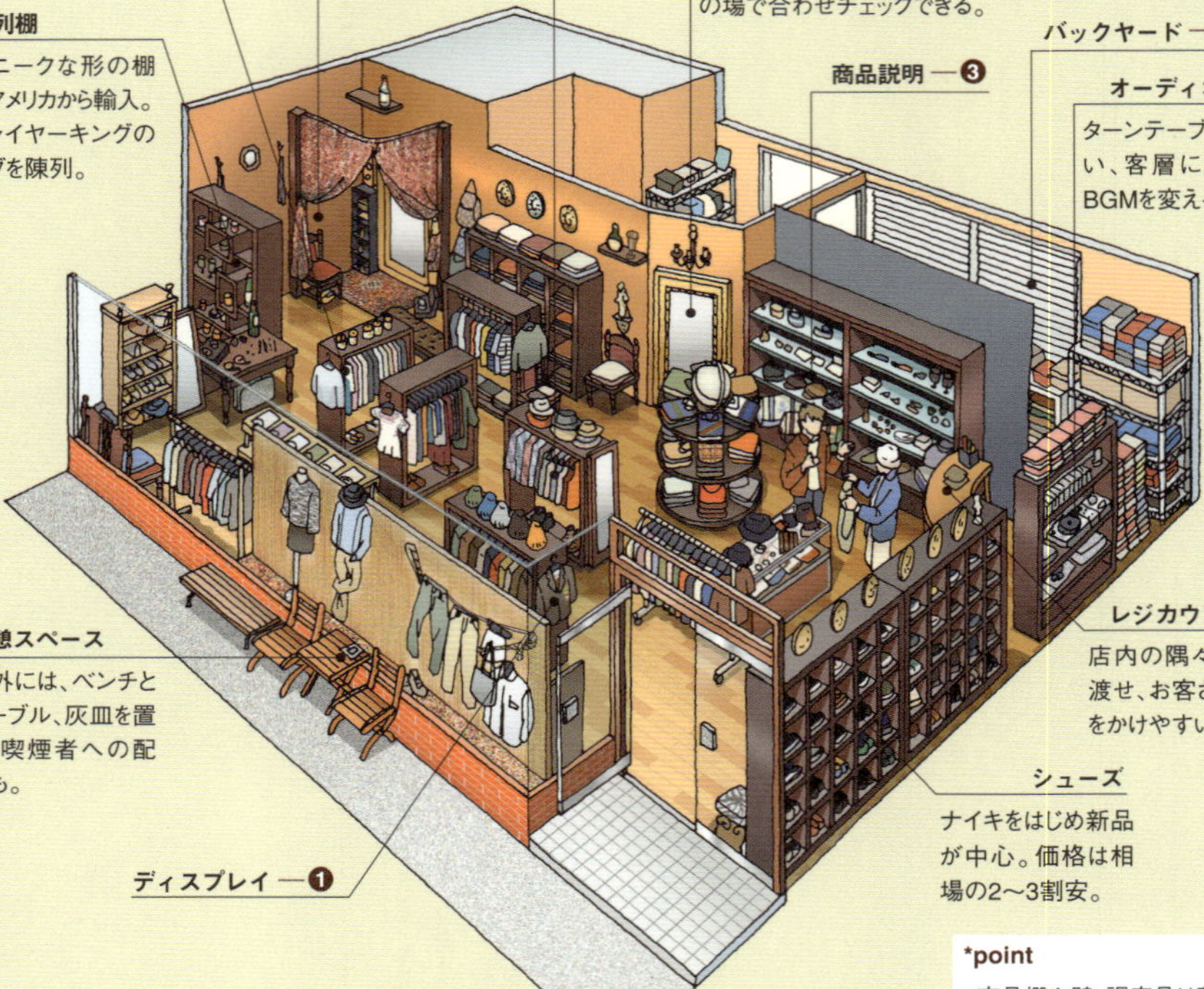
レディース古着
客層の男女比に合わせ、商品の約3割をレディースに。カップルの来店も。
陳列棚
ユニークな形の棚はアメリカから輸入。ファイヤーキングのマグを陳列。
フィッティングルーム
金糸を使った重厚なカーテンが、海賊船の雰囲気に。
ハンガーラック
手に取りやすい高さを計算し、特注。ゆとりある配置にした。
鏡
店内の随所に配置。商品をその場で合わせチェックできる。
バックヤード ―❷
商品説明 ―❸
オーディオ機器
ターンテーブルを用い、客層に応じてBGMを変える。
レジカウンター
店内の隅々まで見渡せ、お客さまに声をかけやすい。
休憩スペース
戸外には、ベンチとテーブル、灰皿を置き、喫煙者への配慮も。
シューズ
ナイキをはじめ新品が中心。価格は相場の2〜3割安。
ディスプレイ ―❶

*point
商品棚や壁、調度品は落ち着いた色調の木目で統一し、天井にはシャンデリア。お客さまは海賊船のなかで宝探しをする気分に。

「海賊船」をモチーフに、親子連れやカップルも楽しめる広い空間

集客を見込むためには、それなりの準備が必要だ。濱松さんは、まずは地元の人に受け入れられるお店づくりをはじめた。

幅広い層に受け入れてもらうため、品ぞろえはスタンダードにし、レディースも3割は扱う。また、子ども連れやカップルでもゆったりと買い物ができるよう、通路の幅を広く取るなどの工夫も。

さらに、得意分野であるデッドストックものが「卸価格」、つまり都内のお店で買うより2割程度安く手に入る。

「ファッションに興味があっても、どういう服を着たらいいのか迷っているお客さまが多いので、お客さまの希望に合わせてコーディネイトを提案することも多いです」

古着探しを宝探しになぞらえ、海賊船をイメージしたという店内には、さまざまな「宝」が、ストーリーとともに息づいている。発見を求めて、周囲の街からもファッション好きが集まってくるのだ。

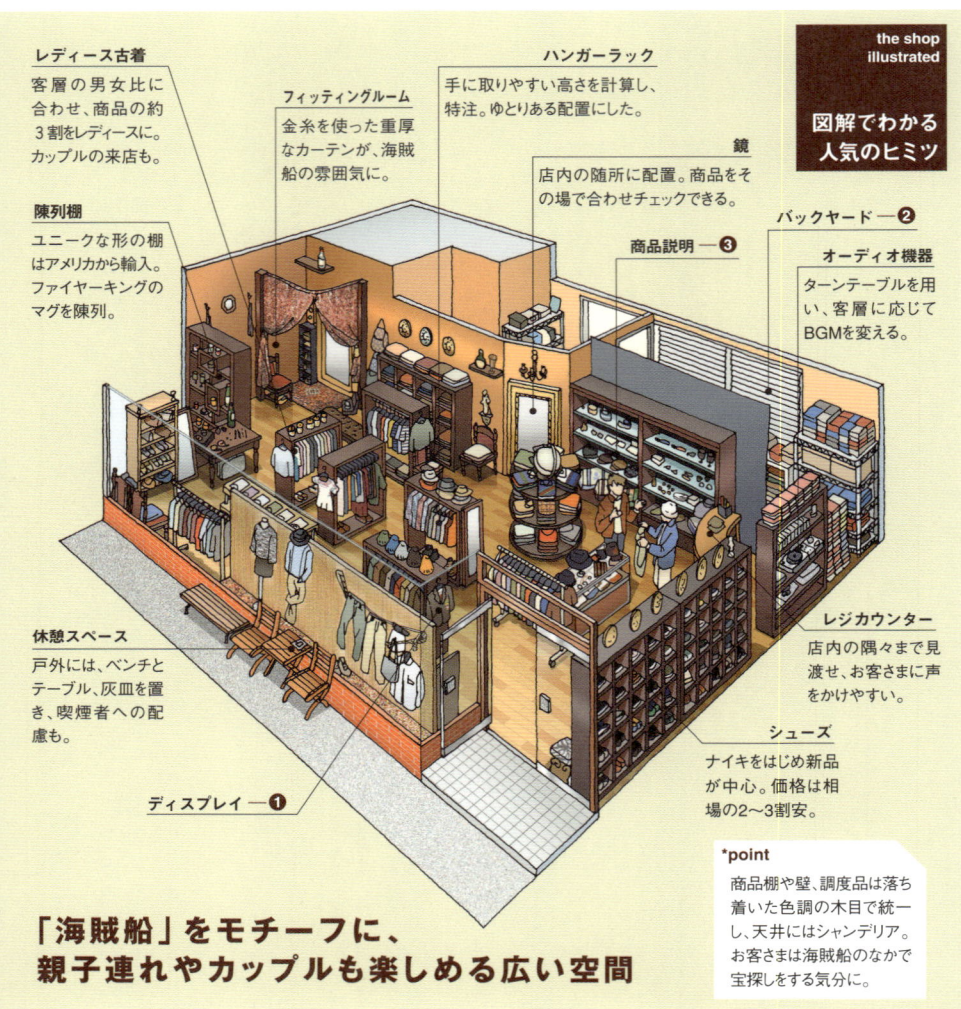

Owner's Choice

経費を抑えるとともに手づくりの魅力を十分に生かした内装に

FUNKTIQUE では、アメリカンスタンダードを充実させている。古着の売れ筋は、「ミリタリーアイテムや、1940 年代、70 年代のジャケットなどが人気です。90 年代以降、繊維業界の生産の中心地は、コスト削減のため中国などのアジアに移りました。縫製がしっかりしているアメリカ製の商品は現在入手が困難。それを求めていらっしゃるお客さまも多いですね」

また、古着にひと工夫を施すことも。「素材やつくりがしっかりしているけどデザイン性が物足りないものには同じ年代のデッドストックのワッペンなどでカスタムすることもあります。もちろんオリジナルの雰囲気を崩さない程度にですが」

レディースでは「07 年秋冬はチェック柄やフリルシャツ、ワンピース、フリースなどが人気」。40 年代のレースをコーディネイトに取り入れるお客さまもいるとか。

着古された風合いもさることながら、クオリティも高い。古着を取り入れることで、ファッションの幅は大きく広がる。

日本未進出のブランド、スウェーデンのH&M（へネス&モーリッツ）は、濱松さんのイチオシ。

1

トップスからシューズまでのコーディネイト例を多数ディスプレイ。スタンダードなものから、少し派手なアイテムまで、ファッションに古着を取り入れる際の参考になり、また会話のきっかけにもなる。「まとめて購入されるお客さまもいます」と濱松さん。

2

レジカウンターの奥には約５坪のバックヤードが。店内に商品を素早く補充できるよう、わかりやすく分類し、ていねいに保管している。このほかに、車で５分程度の場所にストック用の部屋を借りている。

3

目新しいブランドや、デッドストックなどの希少価値のあるアイテムには、濱松さんが詳細な POP を書いて添えている。お客さまにとっては、質問しなくても商品にまつわるストーリーがわかり、購入意欲もかきたてられる。付加価値を周知させ、「雑誌を読むと、紹介されている商品が欲しくなる」のと同じ心理を、うまく利用した方法だ。

*shop data

FUNKTIQUE《ファンクティーク》

住所／福島県いわき市平谷川瀬字双藤町4-1 久善ビル12号
TEL／0246-24-9181
営業時間／11:00～20:00
定休日／不定休
URL／
http://www.funktique.com/

*message from the owner

オーナーからのメッセージ

お客さまは、
商品の良さだけでなく、
ショッピングの時間も
楽しみたくて来店します。
それを意識した
店づくりと接客が
大事だと思います。

アメリカの50'sの世界観を古着＋インテリアで展開

職人だったオーナーが惚れ込んだ「古きよきアメリカ」。
50'sワークスタイルの古着とインテリアが、その息吹を感じさせる。
コンテナベースの大量仕入れでコストを下げた結果、
激戦区・アメリカ村で、高品質と低価格を同時に実現できた。

***Shop Concepts**
オーナーのこだわり

***interior**
お店づくり

什器のほとんどが商品。売れるたびにディスプレイ変更をすることで、店内の印象を新鮮に。

***service**
接客

お客さまから要望があれば、次回の仕入れ時になるべく探してあげるなど、きめ細かな対応。

***commodity composition**
商品構成

50'sのワークスタイル。範囲を広げすぎず、リアルに時代を表現することで、商品価値をアップ。

SHARK ATTACK《シャークアタック》

大阪府大阪市

50'sの古着とインテリアを扱うお店。70坪の店内は、ひと目では見渡せないほど広い。アメリカ村という若者が集まる場所にありながら、客層は20代後半～40代が中心。こだわりを理解してくれるリピーターに恵まれ、客単価は比較的高い。

01

02

03

04

01** 入り口にディスプレイされているつなぎも、ワークスタイルの代表的なもの。02** 船舶用のロープを利用して、Tシャツをディスプレイ。こちらは新品だが、あえて区別はしていない。***03** 店内の一角には「TOMMY GUN」の運営する刺繍工房も。***04** キャスケットやハンチングを置く棚板は、商品が見えやすいよう傾斜をつけた。スロットの看板も商品。

広いフロアをシェアした ロックテイスト満載のお店

大阪・西心斎橋のアメリカ村は、第一次古着ブームである80年代後半より古着屋が密集する街として有名。その一角、ショウザンビルの一階には、10坪にも満たない小規模な路面店が軒を並べるが、オールディーズの音色に誘われて地下への階段を降りると、約70坪の売り場が広がる。「SHARK ATTACK」では、商品から照明やインテリア、店員の服装に至るまで、すべてが50's一色だ。

ただし、よく見れば新品の商品も並ぶ。「TOMMY GUN」という新品を扱うお店と店舗をシェアしているのだ。

「古着と新品という違いはありますが、ロックテイストという点では共通しています。新旧のロックですね」

オーナーの伊藤大輔さんがいうとおり、売り場に明確な区別はないものの、不思議と違和感はない。レジも1つなので、お客さまも1軒のお店のような感覚で買い物ができる。

「売り場が広く、商品にもバリエーションがあるので、お客さまの滞在時間は長くなります。そうすると、話をするきっかけがつくりやすいんです」

店内の随所には農機具などの道具類が飾られ、このお店のコンセプトである「ワークスタイル」を象徴している。

ピンストライプ職人から古着屋にカムバック

ピンストライプとは、車体のデコレーションに使われる、フリーハンドで細い線を描く技法のこと。伊藤さんの前職はその職人だった。

「兵庫県郊外に工房がありました。注文を受けてから仕上げまでの間、お客さまが退屈しないようにと、最初は手持ちの古着を待合スペースの脇に並べていたんです」

これが予想以上に好評で、すぐに仕入れも行うようになった。価格が

01 02

03 04

05 06

07

*01　伊藤さんがピンストライプの技法で描いたイラストの、オリジナルTシャツ。各4,095円。*02　50年代のマネキンも、商品のひとつ。*03　ハワイをモチーフにした商品を集めたコーナー。*04　他店には負けない品ぞろえを誇るギャバシャツ（右・5,145円）。左・ジップアップのギャバジャン27,090円。*05　瓶の王冠を使ったユーモラスな人形のキャンドルスタンド。*06　レディースの扱いはないが、アクセサリー類は豊富。*07　トルソーは定期的に着せ替える。オーバーオール（41,790円）は40年代のヴィンテージ。ワークキャップ2,980円。

50'sのワークスタイルにこだわりつつ、他店にはないラインアップで独自の空間を演出

安いという評判を聞きつけ、他の小売業者も買い付けに来た。いつしか古着の卸業が一番の収入源になっていた。

そんな頃、タイミングよく現在の店舗への出店が持ちかけられた。職人として独立する前に働いていた古着屋の先輩からだった。

家具や雑貨も販売し 50'sをトータルに表現

オープン当初は広いフロアを3店でシェアしていたが、半年後、そのうち1店が移転した。

伊藤さんは古着に限らず50'sの世界が大好きだったため、以前から店内をトータルにコーディネイトしたいと考えており、空きスペースで家具や雑貨を扱うことにした。

「しかし、家具や雑貨に関してはまったくの素人。仕入れルートは一から開拓しました」

電話帳や古着業者からの情報を頼りに、中古家具業者を訪ね歩いた甲斐あって、現在では50年代のモチー

お店づくりのワザを学べ！

skill_01 仕入れはどうやって？

「国内の卸業者や個人からでも、仕入れはできますが、自分なりのこだわりや発見をするために、現地には絶対に自分で行くべき」と伊藤さん。

インターネットを利用すれば、おもなフリーマーケットの開催場所や日程などの情報は入手できる。それを足がかりに、とにかく行ってみること。ただし、それだけで満足してはいけない。

「情報は現地でも収集すること。いい業者も口コミで見つかることが多いし、インターネットでは告知していないマーケットやセールのほうが、掘り出し物が見つかる可能性が高いんです」

そうして見つけたディーラーと契約して、商品を取り置いてもらっている現在でも、必ず現地に足を運んで自分の目でチェックし、不足分を１カ月ほどかけて探すのだという。

skill_02 宣伝・PRの方法は？

店舗をシェアしている場合、共同で広告を出すことができるので、フライヤーの印刷費用や広告の掲載料など、宣伝にかかる費用が通常の半分ですむというメリットがある。

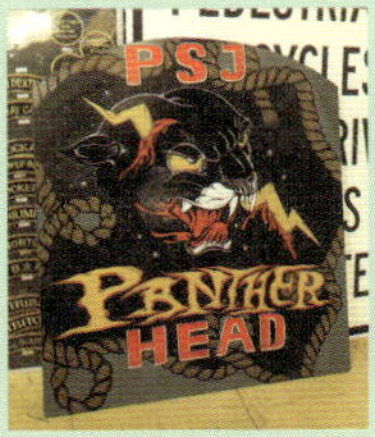

レジ前に飾られた、伊藤さんの作品。お店の経営が忙しく、ピンストライプ職人としては休業中だが、友人に頼まれれば描くこともあるという。

「もともと働いていた地域でオープンしたことも、PR活動にはプラスになりました」と伊藤さん。周辺のお店には知り合いが多く、フライヤーを置かせてもらったり、お客さまとの会話のなかで、自分のお店のことを告知してもらうことができた。

ホームページを開設したことで、遠方からのお客さまも増えたという。

skill_03 商品の輸送には何を使う？

「家具の輸入をはじめてから、航空便からコンテナの海上輸送に切り換えました」と伊藤さん。アメリカからのコンテナ輸送には１カ月ほどかかるが、「50's のワークスタイル」という明確なスタイルをもった商品ばかり扱うので、流行の移り変わりはゆるやか。在庫が少なくなる時期を見計らえば、問題はないという。

むしろ、コスト削減になることや、壊れやすいもの、大型の商品などを仕入れられるメリットのほうが大きい。「ほかの店では仕入れに躊躇してしまうような商品の買い付けができるので、うちだけでしか見つけられないようなものをそろえることができます」

skill_04 開業資金の内訳

店舗改装費など	500,000円
電気料金	150,000円
合計	650,000円

※店舗取得費はビルのオーナーとの契約上、非公開。参考として、アメリカ村内の家賃は坪単価10,000円程度。仕入れ代金も非公開だが、量は1回の仕入れでフットサル場1面が埋まる程度。

SHOP HISTORY

オープンまでの歩み

1996年
アメリカ村の「NIPPS」という古着屋で働きはじめる。ロサンゼルスへの買い付けも、このとき経験した。

2002年
兵庫県猪名川町に一軒家を借り、ピンストライプの工房をスタート。併設した古着販売スペースが好評で、仕入れも行うように。

2005年
「TOMMY GUN」のオーナーから、お店のシェアを持ちかけられる。内装はすべて自分たちで行った。

2005年8月
オープン。

2007年5月
家具をメインに扱う「CEROTE ANTIQUES」をオープン。

the shop illustrated

図解でわかる人気のヒミツ

レジカウンター —❷

アクセサリー

ネックレスやイヤリングなど、レディース用品はアクセサリー類のみ扱う。

TOMMY GUN

ロックテイストの新品を扱うお店の商品はここを中心に、店内の随所に。

ハワイアン・コーナー

50年代に起こったエキゾチック・ブームの一部、ハワイアンの商品。

雑貨類

置き時計や扇風機、ヘルメット、トースターなど、さまざまな雑貨が並ぶ。

オーバーオール

ワークスタイルの定番ともいえるオーバーオールがズラリ。

刺繍工房

「TOMMY GUN」では、カスタム刺繍のオーダーも受け付けている。

シャツ・ジャケット

レギュラーと高価なヴィンテージの区別はせず、アイテムごとに陳列。

雑誌類

古いアメリカのコミックや雑誌。アンティークのマガジンラックも商品。

什器類 —❸

レザージャケット

ライダースジャケットは売れ筋。合わせやすいエンジニアブーツも近くに。

ワークスタイル —❶

店舗をシェアしつつ、あえて明確な境界はなし。「見るものがたくさんある」店では、滞在時間が長くなる

***point**

ジャンルは大まかに決めて見やすく分類。2店舗が境界なく存在し、商品のバラエティをより広くしている。

フランプといった、珍しい商品を定期的に仕入れられるまでになった。

「家具や雑貨類は、店舗用にまとめて購入されるお客さまも多いんです。大きなものが売れると場所が空くので、模様替えは頻繁にします」

海上コンテナ輸送に切り換えたことで輸送コストが削減でき、より低価格で商品を提供することが可能になった。

古着も家具も、すべて50年代前後のものに限って仕入れているが、「うちではとくに、ワークスタイルにこだわっているんです」

ギャバシャツやチップの付いた革靴など、ドレッシーな洋服も、あくまでブルーカラーのおしゃれだ。

徹底的なこだわりで、幅広い商品構成に統一感を与えた結果「この年代のこのアイテムが欲しい」という古着通や家具通のファンが増えた。

「今後はたとえば釣具など、何にでもヴィンテージはあるので、その魅力を紹介していきたいです」

Owner's Choice

人任せにしない運営でコスト削減と利益増をめざす

「SHARK ATTACK」では、お店づくりや運営をできるかぎり自分たちで行うことで、コスト削減に努めている。看板はピンストライプ職人だった伊藤さんの手描きだが、それ以外の内装も電気配線を含め、すべてスタッフと友人の協力を得て行った。ホームページの運営や通関など、面倒な作業もスタッフが行っている。

時間がかかるため、ファッション用品の輸入には向いていないと思われがちなコンテナ輸送を使いはじめたのもコスト削減の発想から。仕入れ費用を抑えて商品の価格を下げ、結果的に売り上げに結び付けた。

また、コンテナ輸送では壊れやすいものを運べるため、他店にはない珍しい什器類をそろえることが可能に。安易に人任せにせず、自分の頭で考えて利益につながる道を選ぶことが、お店の運営には重要だといえる。

マグカップが並ぶ棚。新着商品には「NEW ARRIVAL」の表示をしている。

❶

店内のあちこちに、農機具や空き缶、道具類など、コンセプトである「ワークスタイル」を象徴する品が飾られている。ワークキャップやキャスケットなどの帽子類には、古着とレプリカの新品が。「ユニフォームではないんですが（笑）」、取材当日は伊藤さんを除いたスタッフ全員が帽子をかぶり、当時の労働者のような雰囲気を出していた。

❷

レジカウンターは「TOMMY GUN」と共通。お客さまは会計の際一度に支払うことができるので、１つのお店で買い物をする感覚だ。カウンター前にはピンズやステッカー、ワッペンなど、「ついでに手に取りやすい」商品を並べている。

❸

ブーツを並べている棚や、アクセントになる赤いチェアも商品。ほとんどのテーブルに並べられている50年代のモチーフランプはかさばって壊れやすいため、通常は仕入れをためらう商品。これだけの量がそろうお店は国内にほとんどないという。照明には白熱球を使用しているため、光熱費は多いときで月額15万円になる。

*shop data

SHARK ATTACK《シャークアタック》

住所／大阪府大阪市中央区西心斎橋2-13-13　ショウザンビルB1F
TEL／06-6212-2428
営業時間／12:00〜20:00
定休日／不定休
URL／
http://sharkattack.jp/

*message from the owner

オーナーからのメッセージ

古着の仕入れは、歩いて
自分の目で確かめることが大切。
英語が不得意でも、
何回か行くことで自分なりの
ルートや人脈ができます。
良い結果が得られたときは
大きな喜びになります。

懐かしのアイテムがあふれる 昭和レトロな世界

1960〜70年代といえば、アポロの月面着陸や大阪万博などの
出来事があり、日本人も「明るい未来」を信じられた時代。
ファッション界ではモッズやコスモルックが大流行し、新たなスタンダードが誕生。
そんな時代「昭和」の空気感を、現代にタイムスリップさせたお店。

*Shop Concepts
オーナーのこだわり

*interior
お店づくり

あえて内装のリフォームをせず、もともと洋品店だった建物の雰囲気を生かした。

*commodity composition
商品構成

60〜70年代の日本の古着と雑貨。大量仕入れをせず、状態の良いものだけを提供。

*concept
コンセプト

「昭和」時代にこだわりつつ、2カ月に1度はテーマを決めてディスプレイを大幅に変更。

橘《たちばな》
東京都中野区

店内には、ワンピース、バッグ、雑貨などが所狭しと並ぶ。1960〜70年代の衣類は、日本で企画生産された良質のものが多いという。当時最先端のデザインで人気を博していたピエール・カルダンはオーナーも大ファンのこだわり商品。

01

02

03

04

05

06

01** 店頭にはトルソーを設置。色が目立ち、だれでも「可愛い」と思えるようなアイテムを着せ、お店に入りやすい印象に。02*03** 廃業した洋品店そのままのガラス棚。中には人形や雑貨を置いて、にぎやかに懐かしさを演出。***04** 看板は、ピエール・カルダンのマークをモチーフに榎本さんが手づくりした。***05** ひさしは前店舗のものを流用。そのままの状態で使うために、屋号を「橘」とした。***06** ショーウインドウ内の棚は回転する。ここにはなるべく明るいカラーのアイテムを並べ、通行人の目を引く工夫をしている。

洋品店をそのまま残し 昔ながらの街並みに溶け込む

東京・中野といえば、サブカルチャーの発信地として注目を集める中野ブロードウェイが有名。しかし、一歩早稲田通りを越えると、静かな街並みが広がり、古くは新井薬師梅照院の門前町として栄えた場所がある。

昭和古着「橘」は、そんな歴史ある商店街「薬師あいロード」にお店を構える。この周辺は、昔ながらの洋品店や喫茶店、和菓子屋などが並ぶ地区。以前は「橘」も婦人用品を扱うお店だった。

オーナーの榎本めぐみさんは、物件にほとんど手を加えず、ありのままの雰囲気を残すことにこだわった。「別の地域で店舗を探していたのですが、知人の紹介で偶然この物件に出会って、ひと目惚れしたんです」

店名入りのひさしも気に入り、前店舗の屋号「橘」をそのまま使った。昔の佇まいを残しているため、古着屋という若者向けの業態が、街に違和感なく馴染んでいる。

「昭和」の味わいを 現代風にアレンジ

榎本さんが惚れ込んだだけあり、「ひと昔前の」風情には、確かに味わいがある。店内には木製の棚やカウンター、ガラスの引き戸がそのまま残る。「自分の足で中古家具の店を回り、なるべく安く必要なものを買いそろえました」という什器も、すべてが昭和時代のものだ。品ぞろえにも「レトロっぽい感じ」ではなく本物のレトロ」を追求している店内に足を踏み入れると、まるでタイムスリップしたような感覚をおぼえる。

一歩間違えば「ただの古臭い洋品店」になってしまいそうなこのお店を、センスよく見せるのは簡単なことではない。

「以前から部屋を飾るのが好きで、映画館でアルバイトをしながらディスプレイの学校に1年半通っていました。そのときの経験が生かされて

01

02

03

04

05

06

07

01** バッグは3,000円前後のものが中心。和装に使えるアイテムも。02*03*04*06** レジカウンターには、バーを意識してマッチやグラス、トリス人形を置く。グラデーションで色が変化する時計で、よりムーディーな雰囲気に。***05** 2カ月に一度、テーマを変えて商品を入れ替える。取材時には「秋の読書フェア」を開催していた。***07** スカートやカーディガンは4,000円台～。雪の結晶柄のスカートなど、今着ても可愛い商品がそろう。

懐かしさと新しさが混在する「昭和」の魅力をセンス良くアピール

いるのかもしれません」と榎本さん。

品ぞろえひとつとっても、ムーディーなランプや食器類、人形、キッチュな子どものおもちゃなどが隣り合わせで並べられている。装飾には家電店用の装飾をあしらい、当時の洋品店そのままでは決してない。縁台にもカラフルな雑貨を並べて土産物店のように仕上げ、「レトロを意識した若者向け」のお店づくりを徹底している。

妥協せずに商品を探し 良質な品ぞろえをキープ

商品は、1960～70年代の日本の古着や雑貨が中心。榎本さんはアパレル業界での経験がなく、最初は仕入れに苦労した。開店当初は、6割が私物。個人的に集めていた雑貨や洋服を店頭に出した。はじめて売れたティーカップも、榎本さんの愛蔵品だったという。

「好きでコレクションしていたものなので、泣く思いでした（笑）。初期投資は抑えられましたが、結局買

お店づくりのワザを学べ！

skill_01｜限られた資金で開業するには？

「橘」では、昭和古着というテーマと物件がぴったり合ったため、改装費は一切かからなかった。このように、なるべく手を加えなくてもすむ物件を探すのもひとつの手だ。

　また、「什器もあるものを利用して、あとから安いものを探し、少しずつ足していきました」というように、お店をつくりながら運営することもできる。ただし、集客力のあるお店づくりの前に、経営が行き詰まっては困る。榎本さんの開業資金のうち、運転資金が一番高い比率を占めるのは、この期間を見込んでのことだ。

skill_02｜専門性の高いお店を成功させるには？

　限られたジャンルの商品を扱う場合、客層は限られるが、お店を気に入ってくれる人であれば、常連客になる可能性は高い。「橘」でも、最初は客足が伸びなかったが、来店されたお客さまの口コミで３年間かけて、少しずつ顧客も増えたという。

　また、「橘」では、独自に着物市を開催。古本や雑貨、菓子のイベントにも参加している。イベントのちらしは、単なるお店の広告よりも目を引きやすい。これをテイストの似たお店に置いてもらえば、お客さまが来店する確率は高まるわけだ。

　共同イベントは、普段はお店の前を通りかかることがないお客さまとの接点になる。客層が近いお店のお客さまは「終わった後に、お店に来てくれることも多いです」と榎本さん。

　また、ほかの店舗とのネットワークを築けることも大きなメリット。仕入れ情報や売り上げの状況など、自分のお店を運営しているだけでは手に入らない情報交換ができる。

skill_03｜在庫の管理方法は？

　店舗の２階部分は、売り場と同程度の広さがあり、商品はここで保管している。こうすることで、移動や倉庫にかかるコストの削減を実現。定期的で大幅なディスプレイの変更も比較的容易だ。

　また、お店では見やすいディスプレイを心がけているため、在庫量のほうが多い。

「お店に出ていない商品があることを知っているお客さまは、欲しいものが見当たらなくても“こんなのある？”と聞いてくださいます」

定期的に開催の「着物市」と、参加しているイベント「百年と一晩スナック」のちらし。

skill_04｜開業資金の内訳

店舗取得費	400,000円
内装工事費	0円
仕入れ費	私物流用
運転資金	800,000円
合計	1,200,000円

SHOP HISTORY オープンまでの歩み

1994年
テアトル系の映画館でアルバイトをはじめる。

1996年
ディスプレイの勉強のため、1年半専門学校に通う。

2000年
勤務していた映画館で映写技師に。

2001年
邦画の魅力に気づき、見はじめる。

2002年
開業を決意。「昭和」に関するものを集めはじめる。

2004年
知人に紹介された物件にひと目惚れ。すぐに契約し、古物商の資格を取得してオープン。

the shop illustrated

図解でわかる人気のヒミツ

「コレ、家にもあった！」思わず手に取る親しみやすい商品を目立つ場所に配置

婦人用品
ショーケース―❸
マネキン―❷
スカーフ、ネクタイ
幾何学模様など、当時の流行を感じさせるアイテム。
レジカウンター
バーカウンターのように、ほの暗いディスプレイ。
アクセサリー
ピエール・カルダンや大ぶりのネックレスが中心。
食器、グラス、カトラリー類
水玉や花柄などのデザインが懐かしい。
雑貨、小物類
洋品店のガラスケースをそのまま陳列に利用。
スカート、ニット
上下でコーディネイトできるよう、隣同士に陳列。
ショーウインドウ
明るい色の商品を並べ、通行人の目を引いている。
ワンピース、コート類
30年以上前のものとは思えないほど、状態は極めて良い。
文庫、雑誌類
『花椿』といった60～70年代の流行雑誌や、お勧めの文庫。
シューズ、ブーツ―❶
バッグ
見た目だけではなく、裏地の保存状態もチェックしている。

*point

洋品店の雰囲気を残すため改装は行わず、本物のレトロ感を演出。店舗ありきのディスプレイに。

ったときの値段を覚えていないので、赤字だったかもしれませんね……」

営業を続けるうちに知り合った人からの紹介があり、現在はおもに2つの業者と取引をしている。そのほか、廃業する洋品店に出向いては、自ら交渉して商品を仕入れている。休日返上で買い付けることも。

「大量仕入れができないので、商品選びには、細心の注意を払います。60～70年代の洋服はサイズが小さめ。1枚1枚、サイズ、デザイン、状態をしっかり確認しています」

「市場調査をほとんどせずに開店してしまい、当初は閑散としていた」お店が、今では地域のお年寄りから古着好きの若者にまで受け入れられるようになった。豊富な映画の知識から、「話が合う」と通ってくれる常連も増えた。現在では定期的に「着物市」を行ったり、テイストの似たお店で開催されるイベントにも積極的に参加している。地道な努力が、経験不足というマイナスからの出発を、成功へと導いたのだ。

Owner's Choice

古い邦画を数多く見て マニアも納得の お店づくりを実現

洋服店の経営は、売れる商品を重点的に扱う方法が一般的だが、売れ筋ばかりを意識すると肝心のコンセプトがあやふやになる危険も。アパレル業界未経験から出発した榎本さんは、経営の常識にとらわれず、好きな世界を表現することにこだわった。

「昔から映画好きだったのですが、古い邦画を見たことがきっかけで“昭和”が大好きになりました。インテリアやファッションが素敵で。ファッションや身のこなしでは、増村保造監督の作品に登場する、若尾文子さんの大ファンです」

お店をはじめる前は、映画館で８年間も働いていたという。「並の映画好きには負けない」ほど、数多くの作品を見ることで、「昭和」の世界観を吸収していたのだ。

豊富な知識に裏付けされた商品構成とお店づくりが、ファンだけでなく、多くの人を楽しませる。「橘」は、流行のアイテムをあえて扱わずに徹底したこだわりを貫いて、お店を成功に導いた好例だ。

榎本さんが好きなバラが描かれた皿や、デザインが可愛い醤油さしなど、懐かしい食器類が棚を飾る。

1

シューズは革製のパンプスが中心。あまり古いと革が硬くなり、またサイズも小さすぎる場合が多い。このため80年代以降の製品がほとんどだ。洋服とのコーディネイトを考慮し、ミハマなど、オーソドックスなデザインのものをそろえる。ちなみにこのラックも開業後にリサイクルショップで購入した。足元には高さのあるブーツを置き、コーナーを形成している。

2

マネキンは愛嬌のある表情の、60～70年代のもの。お店のマスコット的な存在、「サブロウくん」と「けいこちゃん」。着こなしを提案したり、店頭で「呼び込み」をしたりするほか、お店の入荷情報や榎本さんの近況を綴ったブログにも、度々登場。にぎやかな雰囲気をかもし出している。この冬には「リンダちゃん」も仲間に加わった。

3

ショーケースに飾られているポーズ人形は、フランス人形と並び昭和30年代をピークに大流行したもの。ディスプレイされている商品は、どれも懐かしく時代を感じさせるものばかりで、榎本さんの徹底した商品選びがうかがえる。

*shop data

橘《たちばな》

住所／東京都中野区新井1-5-3
TEL／03-3386-1621
営業時間／12:00～20:00
定休日／水曜、第２・第３火曜
URL／http://www.tachibana1960.com/

*message from the owner

オーナーからのメッセージ

経験がなくても、
勇気をもって飛び込めば
なんとかなってしまうもの。
出会いを大切にして、
ネットワークを広げましょう。
お客さまとの会話にも
思わぬ発見があるものです。

スポーツブランドを極めた品ぞろえで実店舗とネット販売が連動

学生時代にはじめたヨーロッパ古着のネット販売。当時流行していたジャージに重点を置いた、スポーツブランド中心の品ぞろえが話題になり、5年後には友人との夢だった実店舗を開店した。古着・新品ともにマニアも納得のこだわりで仕入れ、多くの固定客を獲得している。

*Shop Concepts
オーナーのこだわり

*location
立地

コアな客層が集まる場所として、下北沢を選んだ。路地の奥でも、マニアは足を運んでくれる。

*interior
お店づくり

内装工事は行わず、前店舗をそのまま流用した。什器類もなるべく手づくりしてコストを削減。

*commodity composition
商品構成

スポーツブランドの商品をメインに、1960年〜70年代にかけてのヴィンテージ古着が多い。

HELLO SUNLIGHT《ハロー サンライト》
東京都世田谷区

ヨーロッパで仕入れた1960〜70年代のジャージを中心に、スニーカーやシャツ、雑貨を扱うお店。プーマ、アディダスなどのスポーツブランドの古着以外に、デットストックや新品もあり、「ここだけにしかない」品ぞろえを心がけている。

01

02

03

04

05

＊01「KULTBAG」というブランドのバッグ。カフェテラスのシェードや、トラックの幌などを再利用している。**＊02＊03**　雑貨はチェコで仕入れたもの。現地の雑貨店で購入する。**＊04**　じっくりと商品を選べるようフィッティングルームは広く取ってある。**＊05**　売れ筋のジャージは、店内に入って一番目に留まりやすい場所に。売り逃しを防ぐため、サイズには気を配る。フロッキープリントが施された「TILT」のＴシャツも、国内では珍しいアイテム。

コアな下北沢の客層をターゲットに

東京・下北沢駅周辺は、個性豊かなお店が軒を連ね、とくに古着屋は高円寺と並ぶ激戦区といわれている。

南口商店街を抜けた静かな路地にある「ＨＥＬＬＯ　ＳＵＮＬＩＧＨＴ」は、学生時代からの友人同士、川田悠紀さんと上本和弘さんが共同経営している。２人は「路地裏に根付いたお店を」という思いから、この場所を選んだ。人通りが少ない立地は、集客面でのリスクが大きいが、下北沢には、明確な目的をもって欲しいものを探すコアな客層が多い。ヴィンテージなど希少価値の高いアイテムでニーズに応えれば、マニアは探してでもお店に足を運んでくれるのだ。

ネットショップからスタートしているということも、このお店が立地に頼らずに営業できる要因のひとつ。２００３年から同名のネットショップでヴィンテージ古着や雑貨の販売をはじめており、スポーツブランド好きには名が知られていた。もともとリピーターだったお客さまが、「実際に商品を見て買い物してみたい」と、遠方からでも来店してくれるという。

それぞれの得意分野で能力を発揮

２人はもともと「服が好き」という趣味で気の合う仲だった。しかし大学卒業後、川田さんはアルバイトをしながら学生時代からはじめていた現在のお店の前身であるネットショップを継続して運営、上本さんはアパレルショップに就職と、別の道を進んでいた。それぞれがお店の運営に関わってみると、お互いの「どんなお店をつくりたいか」というビジョンが、共通することがわかった。

「将来は2人で実店舗をもちたいね、という話になり、共同の銀行口座をつくって貯金をはじめました」

川田さんはネットショップの認知度を高め、上本さんは店舗運営の経

01** シャツのコーナーには、珍しいフランスの囚人服も並ぶ。ブルーのストライプと胸元のヒモが可愛く、とても意外性のあるアイテム。02** 革靴はとくに傷の少ない状態の良いものを選ぶ。***03*04** 雑貨はチェコで仕入れたもの。***05** スイスのアーミージャケットは防寒性が高く、街着にもできるデザインで人気。***06** アディダスのジップアップカーディガンは70年代のもの。

流行に合わせやすいベーシックなアイテムながら古着マニアも納得の「ここにしかない」品ぞろえ

験を積みながら貯金を続けた。資金が貯まった06年に晴れて実店舗をオープンさせ、2人は共同経営者となった。

上本さんは、ショップの店長を務めた経験を生かし、店頭には値段が安く売れ筋の商品を置いて、お客さまが気軽に入店できるようにした。また、派手な原色の商品を店内の各所に陳列することで、お店の印象を明るくし、外からも目立つような工夫をしている。

ネットショップは、川田さんが担当。通販では、商品の状態をわかりやすく伝えるのが大切だという。

「商品のタグ、ジップのメーカーなど、ディテールをしっかり見せるようにしています。また、汚れやダメージなどのマイナス要因も、写真で確認できるようにするのが大事」

商品を手に取れないぶん、販売する側にはお客さまが知りたい部分を伝える努力が必要。これは、返品やトラブルの回避にもつながっている。

お店づくりのワザを学べ！

skill_01 | 仕入れの方法とコツは？

「HELLO SUNLIGHT」では、年に２回上本さんがヨーロッパで仕入れを行っている。フランスやオランダなどの蚤の市や古着倉庫を回り、１回の仕入れで100～200万円ぶんを買い付ける。軍ものは、フランスにある専門の倉庫を利用している。また、現地の古着屋に根気よく通い、そのお店の仕入れ先を聞き出すことも。いい情報は口コミによるものが多いので、現地に行ったら軽いフットワークが肝心だ。

商品を仕入れる際、細心の注意を払いたいのがサイズだ。古着の場合、サイズも色も全く同じものにはなかなか出会えない。売れ筋と見込んだアイテムは、素材や色合い、シルエットが似たものを幅広く集めよう。消費者は、デザインが気に入っても、サイズが合わなければ購入できない。すると、売り逃しにつながり、結果的には不良在庫となってしまうので、しっかりと見極めよう。

また、必ずしも信用できるディーラーばかりではない。現地での古着の相場を知っておくことも重要だ。「日本人用価格」を設定している業者は多いので、ある程度の知識が必要といえる。あらかじめ、知り合いに仲のいいディーラーを紹介してもらうのもひとつの手だろう。そのほか、渡航費や宿泊代、食費など現地でかかるコスト計算はなるべく細かく行うこと。ときには安宿に泊まる覚悟も。

フランスの古着倉庫が制作する「TILT」のフロッキープリントＴシャツや、ヘンプ素材のベルトは、レアな人気商品。

skill_02 | 品ぞろえのポイントは？

自分たちが良いと思うものを置くのはもちろん、下北沢のように競合店が多い立地では「ここでしか買えないもの」を提供することが大切。「HELLO SUNLIGHT」では、スポーツブランドに的を絞り、ヴィンテージ商品を多くそろえている。ほかにもデッドストックや日本では珍しいブランドの新品を扱って、他店との差別化を図っている。

ただし、レギュラーものを扱う場合でも、いかにコンディションの良い商品を、安く販売できるかが肝心だ。同じ商品が他店舗にもあった場合、お客さまは当然、比較してから購入する。そこで満足して買ってもらえるかが、リピーターをつかむ鍵になる。近隣のお店や、似た品ぞろえの競合店には定期的に足を運び、売り値をチェックしておきたい。

skill_03 | 開業資金の内訳

店舗取得費	1,300,000円
内装工事費	前店舗の内装を流用
インテリア類	500,000円
仕入れ費	1,500,000円
運転資金	600,000円
合計	3,900,000円

SHOP HISTORY オープンまでの歩み

2001年
大学在学中に、川田さんが前身であるネットショップをはじめる。

2002年
卒業後、「2人で実店舗を開こう」と貯金をはじめる。川田さんはアルバイトをしながらネットショップ運営を続け、上本さんはアパレルショップに就職して店舗運営のノウハウを学ぶ。

2003年
ネットショップを「HELLO SUNLIGHT」に改名。

2006年10月
資金が貯まった時点で、上本さんが会社を退職。下北沢に念願の路面店をオープンさせ、共同経営者になった。

the shop illustrated

図解でわかる人気のヒミツ

店舗運営の経験を生かし「見やすく」「手に取りやすい」レイアウトに

レジカウンター
ノートパソコンを置き、在庫や売り上げの状況をその場で管理。

バッグ ― ❷

雑貨・小物
店内の各所には、おもにチェコの雑貨店で買い付けた可愛い雑貨が。

バッグ・ベルトなど
ルーマニア製のヘンプベルトは新品。使い込むほど味が出てお勧め。

ジャージ
スポーツブランドのヴィンテージ。12,000円前後の商品がよく売れる。

看板 ― ❶

フィッティングルーム
高価な商品を納得して買ってもらえるよう、スペースを確保。

サイクリングジャージ
品ぞろえは国内随一。カラフルな色合いで機能性も高く人気。

アーミージャケット
デザインの良い、スイスやデンマークのものに的を絞っている。

デニム・パンツ
似た商品を幅広いサイズで展開。ウエスト75～85cmが中心。

シャツ
コーディネイトに取り入れやすいシャツは、入り口近くに陳列。

Tシャツ
カラフルな「TILT」のTシャツは、売れ筋でもあり平積みに。

エントランス ― ❸

***point**
見せたい商品を壁に掛け、派手な色を店内のあちこちに配置することでアイキャッチ効果を狙っている。

幅広い層にアピールするアイテムを、強力に品ぞろえ

お店では、おもに70～80年代のプーマ、アディダス、フレッドペリー、ラコステなどのスポーツブランドを扱う。とくに力を入れるのは、ジャージやスニーカーだ。1年中需要があり、年代を問わず人気が高いことから、主力商品になっている。

「ジャージが好きなお客さまは、1人で何着も集めていることが多い。そういった方のニーズに、どこまで応えられるかが鍵です。いいものを知っているお客さまを満足させるには、希少価値の高いアイテムを状態良く、しかも安く提供する必要があります」

ほかにも、日本ではまだ取扱いの少ないフランスのスポーツブランド「TILT」をいち早く仕入れるなど、「ここにしかない」商品構成を心がける。こうした努力の積み重ねが、リピーターの獲得につながっているのだ。

Owner's Choice

ネットショップと実店舗を連動させ効率的な運営を

「HELLO SUNLIGHT」の強みは、ネットショップからスタートしたところにある。実店舗のオープンに先立ち、一定の顧客を確保し、あらかじめ売れ筋商品のリサーチができたことは大きい。ネットショップなら、初期投資が少なくてすむので、実店舗開店の前に試してみるのもひとつの手だろう。

実店舗をオープンしたことで、ネットショップにも利益があった。

「お客さまが、ショップカードや看板のアドレスを見て、ネットショップで買い物をしてくれることも。2つのお店を運営することで、宣伝は相乗効果が期待できます」

また、合理的な在庫管理の方法も学びたい。ネットショップの場合、賃料の安い地方に倉庫を確保することが多いが、「HELLO SUNLIGHT」では実店舗と共通の倉庫を下北沢で借りている。近ければ、実店舗への商品の運搬に費用がかからず、お客さまのニーズに合わせこまめに商品の入れ替えができる。結果的にメリットが大きいのだ。

カラフルなサイクリングジャージ。ヴィンテージがこれだけそろうお店はめずらしい。

1

表通りからはずれた路地奥にあるため、遠くからでも目立つように看板は通りに出し、昼間でも近くに置いたフロアスタンドを点灯している。また、営業時間やホームページのアドレスといった基本情報のほかに、アディダスやプーマなど人気のブランド名や、ミリタリーといった、コアな客層にアピールするキーワードを明記。

2

空いた上部の空間にはバッグを吊るし、立体的なディスプレイに。ハンガーラックは、カーテン用のポールを利用して手づくりした。店舗面積は25㎡と広くはないが、アイテムごとに見やすくコンパクトに陳列している。

3

前のテナントが残した黄色いエントランスは、目立つのでそのまま流用。コーディネイト例を多くディスプレイし、マニアではない人にもアピールしている。

*shop data

HELLO SUNLIGHT《ハロー　サンライト》

住所／東京都世田谷区代沢5-33-4　ダージリンコート下北沢 B1F
TEL／03-6380-5131
営業時間/12:00～21:00
定休日／不定休
URL／http://hellosunlight.com/

*Message from the owner

オーナーからのメッセージ

時代に流されず、
自分がいいと思う感性に
自信をもって。
愛情を込めて
商品をセレクトすれば、
お客さまに必ず伝わります。
共同経営では、得意な分野を
生かすことができますよ。

アメリカン・カジュアルなキッズ古着と手づくりのオリジナル&リメイクもの

セレクトショップのような外観のお店は、じつは全国でも珍しいキッズ専門の古着店。観光地でもある大須を散策中、店頭でのリメイク作業に目を引かれて来店する人も多い。ヴィンテージ布をふんだんに使ったリメイク服と、マニア垂涎の貴重なヴィンテージ、2本のしっかりとした柱があってこそ実現したお店だ。

***Shop Concepts**
オーナーのこだわり

***service 接客**

前身の「リトルウッド」は通販で広く全国に顧客があり、ネット販売も積極的に。

***location 立地**

2児の母親でもある高柳さん。子育ても考慮し、郊外（北名古屋市）に移転の予定。

***concept コンセプト**

店舗デザインから内装、WEBサイトに至るまで、同じ設計事務所に依頼。統一感あるイメージに。

mamimu's マーミームーズ
愛知県名古屋市

名古屋・大須商店街のメインストリートである万松寺通りと、裏門前町大通りとが交わる交差点からすぐの絶好のロケーション。店頭ディスプレイの裏側にミシンを置き、まるで実演販売さながらにアイテムづくりを行うことも。

01

03

04

02

01** ニットのアウターとキャップはメーカー製品。こだわりの古着屋だが、良いものは積極的に販売。02** 売り物でもある雑貨。ディスプレイにもなって、お店の雰囲気を楽しく盛り上げる。***03** 壁の高い位置に掛けられたお勧めのコーディネイトは、週１回の割合で掛け替えられる。***04** レギュラー古着のコーナーには、独特な風合いをもつアメリカンカジュアルが多数並ぶ。ほどよい値ごろ感で、安心して購入できるよう配慮している。

古着好きの夫婦と2人の女性スタッフが対応

2005年にオープンした子ども服の古着を扱う「mamimu's」は、名古屋の古着文化の中心、大須商店街という絶好の商業地に位置するお店。経営するのは高柳浩子さん、力也さん夫妻。古着好きな女性2人の販売スタッフも加わり、子ども連れのお客さまへの対応に追われる毎日だ。

レギュラーからヴィンテージを含むレアものを中心に、オリジナルとリメイクもので構成される商品は、ファミリーで古着のおしゃれを楽しむ若い夫婦に好評。たとえばアメリカの可愛いキャラクターやキノコ柄の布を裾に付けたスカート、パッチワークを施したジャンパースカートやオーバーオール、キルトをリメイクしたマザーズバッグなどをところ狭しと並べ、訪れる人に子どもらしい古着の楽しみ方を提案している。サイズと希望の柄を指定すれば、10日～2週間くらいでオーダーメイドにも応じている。

商品の買い付けは、年に3～4回ほど夫が単身で渡米。世界最大級のローズボウル・フリーマーケット（LA州パサディナ市で毎月第2日曜に開催）にはじまり、スリフトショップ（日本でいうリサイクルショップ）に足を運ぶのはもちろん、ヴィンテージに造詣が深い力也さんは、現地のバイヤーとの直接取引に力を注いでいる。子ども服の古着は絶対量が限られているため、現地の卸業者に次の渡米時までに集めてもらうよう依頼したりもする。

古着とともに売れ筋になっているのが、数々のファブリック類。アメリカのカラフルな布やラグ、モチーフ編みや、おくるみをつくるときに使えるような一枚布など、さまざまな応用が楽しめるアイテムが、他店との差別化にも役立っている。店頭でもミシンを踏んでリメイク商品をつくり、手づくり好きなお客さまとの会話も弾んでいるようだ。

01

02

03

04

01**　リメイクのジャンパースカート（8,190円）。子どもに好きな柄布を選ばせて、その場で縫い付けることも。02**　子ども連れに好評な身長計。***03**　ショーウインドウに飾られているカラフルなミシン糸。***04**　子ども服には珍しい貴重なヴィンテージ、染み込みプリントのキャラクターTシャツ。

古着、靴、バッグ、雑貨にファブリック……
トータルにファッションをコーディネイトできる

「じつはお店をはじめるまでミシンには触ったこともありませんでした」と高柳さんはいうが、いまではリメイクものは店頭販売する以外に、他店への卸売りも行うほど。今後も、さらに販路を拡大していく予定だ。

繁華街と郊外のお店では運営方法は大きく異なる

07年11月には自宅を郊外に引っ越し、年明けには敷地内か、住居近くの駐車場を確保できるような場所への移転を計画している。

「アットホームでホッコリとした、もっと子どもたちに行ってみたいと思われるお店にしたい。それに、これまで子どもたちにも寂しい思いをさせたこともあり、住まいの近所でやりたいと考えました」

大須でオープンする前、97年にやはり郊外の小牧市で、子ども用古着屋「リトルウッド」を8年近く営業していた高柳さん。人通りの多い繁華街と郊外の両方で経験した店舗運営については大きな差を感じている。

お店づくりのワザを学べ！

skill_01 固定客を獲得するには？

お店があるのは、商店街のなかでもメインストリートからすぐ近くという好条件の立地。人通りも多く、繁忙期の週末ともなると、数多くのお客さまが訪れるが、それでも入店する人すべてが、ショッピングを目的としているとは限らない。場所柄、どうしても一見客や冷かしも多く含まれてしまうのだ。

リピーター客を獲得する手段としては、店頭のディスプレイは週１回の頻度で更新。つねに新鮮さを保ち、通行人の視線と興味を惹き付けるよう考えている。また月に１回程度、手づくり教室やおみくじセールなど、子どもたちのためのイベントを開催。子どもたちが遊びに興じている間に、母親たちにじっくりとショッピングしてもらえるようにと工夫を凝らしている。

得意客に対してはクーポン券付きのＤＭを定期的に発送。新作やイベント情報など、さまざまな告知を行っている。こうした宣伝・ＰＲには、一度でも来店した人に興味をもってもらうことに加え、アフターフォローを怠ることなく、次につながる努力を惜しまない姿勢が徹底されている。

skill_02 ネットショップのポイントは？

前身のお店「リトルウッド」時代からのカタログ販売も含めて、通信販売は「mamimu's」の売り上げと全国規模での顧客獲得に大きく貢献している販売経路である。

現在は子どもの古着を扱ったネットショップと、オリジナルやリメイクの商品を扱う「mamimu's」のホームページの２つを運営している。お勧めの商品がアイテムごとに分類されたWEBサイトは、両者ともまとまりよく洗練されており、ユーザーの購買心を大いにそそる。

「アイテムの撮影に関しては、非常に気をつかいます。カメラのフラッシュだけではなく、照明を足したり、より美しい状態で選んでもらえるように工夫しています」と高柳さん。

それに加えて、とにかくマメに更新することは必要だと強調する。アイテムを充実させることはもちろんだが、つねに新鮮な情報を提供し続けるというソフト面も、大事なことだと気付かせてくれる。

店内は壁面と柱を上手に利用して、アイテムごとに各コーナーで区画され、上手にまとめられている。季節のお勧めアイテムもコーナーにまとめられて手に取りやすい。

skill_03 開業資金の内訳

店舗取得費（保証金含む）	5,000,000円
内装工事費・デザイン料	7,000,000円
運転資金	800,000円
仕入れ費（渡航費を含む）	1,500,000円
合計	14,300,000円

SHOP HISTORY オープンまでの歩み

1996年
夫の趣味であった古着を扱うショップ開業を計画。マーケティング、買い付けのため渡米。

1997年
愛知県小牧市で子ども古着を扱う「リトルウッド」を開店。全国誌がショップを取材し、問い合わせが殺到。これを契機にカタログでの通信販売にも着手。売り上げも安定し、全国各地から多くのお客さまが訪れる。

2005年
全国に散らばるお客さまが、より来店しやすいようにと、都心部の大須への進出を決め、名古屋市中区大須に「ｍａｍｉｍｕ's」をオープン。

2008年
北名古屋市に店舗移転予定。

the shop illustrated

図解でわかる人気のヒミツ

こだわりのアイテムが充実した店内で親子がともに楽しめる空間づくり

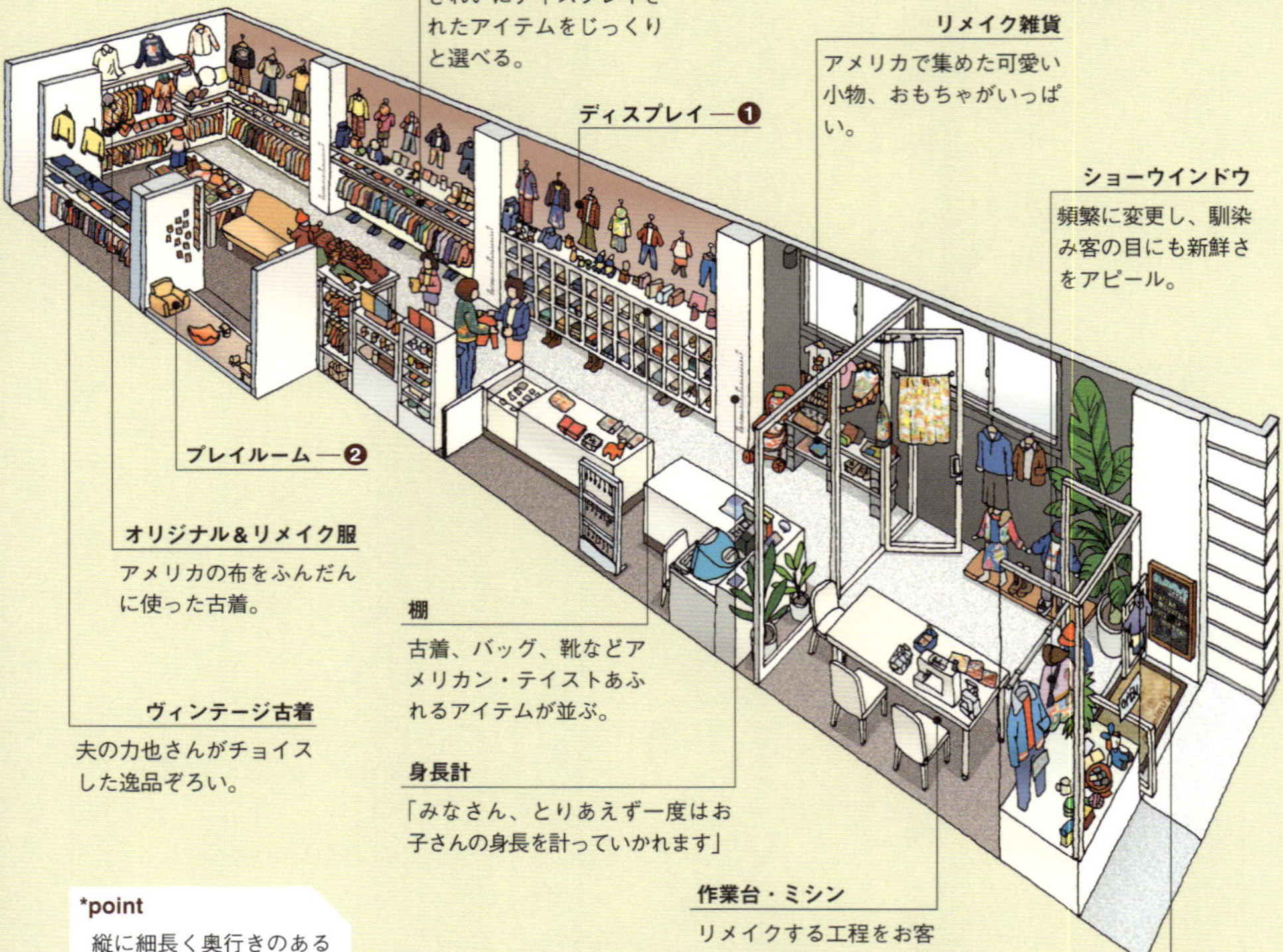
レギュラー古着
きれいにディスプレイされたアイテムをじっくりと選べる。
リメイク雑貨
アメリカで集めた可愛い小物、おもちゃがいっぱい。
ディスプレイ —❶
ショーウインドウ
頻繁に変更し、馴染み客の目にも新鮮さをアピール。
プレイルーム —❷
オリジナル＆リメイク服
アメリカの布をふんだんに使った古着。
棚
古着、バッグ、靴などアメリカン・テイストあふれるアイテムが並ぶ。
ヴィンテージ古着
夫の力也さんがチョイスした逸品ぞろい。
身長計
「みなさん、とりあえず一度はお子さんの身長を計っていかれます」
作業台・ミシン
リメイクする工程をお客さまにも見てもらい、古着への興味を喚起。
ブラックボード —❸

***point**
縦に細長く奥行きのある空間。白とアクセントの緑が、色とりどりのアイテムを引き立てている。

まず繁華街では滞店時間が短くなることから、美しいディスプレイを心がけて探しやすく工夫。何も買わずに帰る人こそ多かったが、結果としてはファンづくりに成功した。売り上げでは小牧市のお店の3倍くらいにはなったが、高い家賃もあり利益につながったわけではない。

その一方、郊外では「商品をゴチャゴチャと山ほど並べ、探したら何か面白いものがあるだろう」という演出をしたところ、手ぶらで帰る人が少なかったという。また繁華街では自転車やベビーカーを押したお客さまが中心だったが、郊外に駐車場付きのお店を構えることの利点は、子ども連れの移動に便利なこと。路面店の短所である天候による売り上げの増減も少なくなるのだ。

何よりも大切なのは来店してじっくりと古着の魅力を感じてもらうこと。高柳さん手づくりの温かさがキッズファンにも浸透しつつある。

Owner's Choice

新商品を生み出すには発想の原点となる好奇心をもち続ける

「マーミームーズ」では子ども服に特化していることに加え、アウターからインナーに至るまでの豊富なアイテム数を誇る。またレギュラー、レアものに限らず古着そのものがもつ魅力も手伝って、品ぞろえにセンスが感じられる商品構成になっている。

オリジナル＆リメイクの子ども服やファブリック類といった商品に独自の付加価値を付け加えることよって、さらに売れ筋が増え、多くの顧客獲得に成功している。

オリジナルは新品の服に、リメイクは古着に、それぞれ可愛い布をあてがって、新たな商品に生まれ変わらせる。どれも子どもらしい愛くるしさをもつアイテムばかりで、とくにリメイク服はすべて１点ものとあって、おしゃれを好む母親たちにも大人気となっている。

アメリカンパッチワーク・キルトが趣味という高柳さんの、布に関する知識・興味を生かしての発想が、新たな商品誕生の源になっているようだ。

リュックなどのファブリック類。すべて1点もののベビーカーシートは7,000円前後で購入しやすい価格帯。

❶

お客さまはコーディネイト例を参考にしながらチョイス。おしゃれなセレクトショップのような雰囲気。思わず手に取りたくなるほどの可愛らしさ。

❷

フィッティングも兼ねるプレイルーム。壁にはお店で購入した服を着て微笑む子どもたちの写真がいっぱい。「Ｔシャツにペイントできるマジックペン」を使い自由にお絵かきするなどの参加型イベントも開催。子どもたち以上にパパやママが夢中になることも。

❸

ブラックボードに専用ペンで書かれたメッセージで、お客さまを迎え入れる。ちょっとした季節の挨拶に触れるだけでも、アットホームな雰囲気に心和む瞬間。子どもにもわかりやすい平易な言葉を使うのがポイントだ。

*shop data

mamimu's《マーミームーズ》

※新店舗のオープン予定、住所などはホームページで告知する予定です。
URL／http://www.ma-mi-mu.com/

*message from the owner

オーナーからのメッセージ

簡単そうに見えて、
なかなか現実は厳しいもの。
でも「古着が好き」で
はじめるのならば、
こだわればこだわるほど、
やりがいは
大きなものとなります。
頑張ってください！

手を加えれば、古着もおしゃれ着に！ リフォームワザが光る、小さなアトリエ

エントランスを含め、わずか6坪というスペースに開いた
店舗兼アトリエ。ここでは自らを「古着とお客さんとの架け橋」
と称すオーナーが、流行から取り残された古着を甦らせている。
「お直し」の依頼が殺到する、確かな腕のリフォームが評判のお店だ。

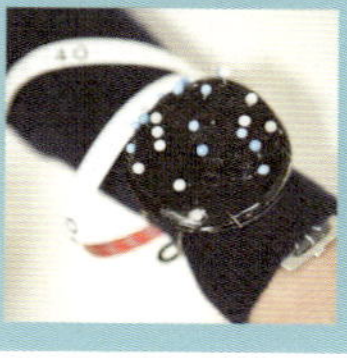

*Shop Concepts
オーナーのこだわり

*location
立地

古着購入、リフォーム依頼にかかわらず、2度来店してもらうことを考えた駅に近い場所。

*commodity composition
商品構成

60〜70年代のフランスものが中心。ユーロ高で国産品を仕入れる場合でも80年代まで。

*concept
コンセプト

捨ててしまうようなものを直すことは、少しでもゴミを減らすための第一歩。

Oh là là オー・ラ・ラ
東京都杉並区

フランスを中心に、ヨーロッパで仕入れた古着、小物・雑貨類が並ぶ。リフォームも受け付けており、購入商品はもちろん、持ち込みも可。「できないことはほとんどない」と、リフォームに関する多様なわがままに応えている。

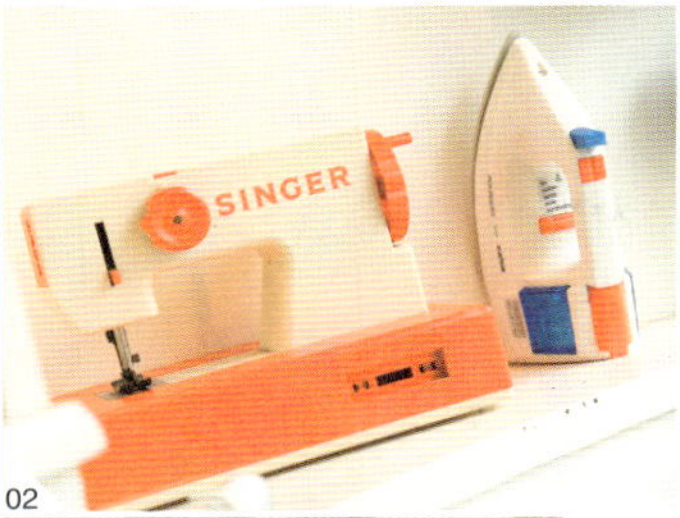

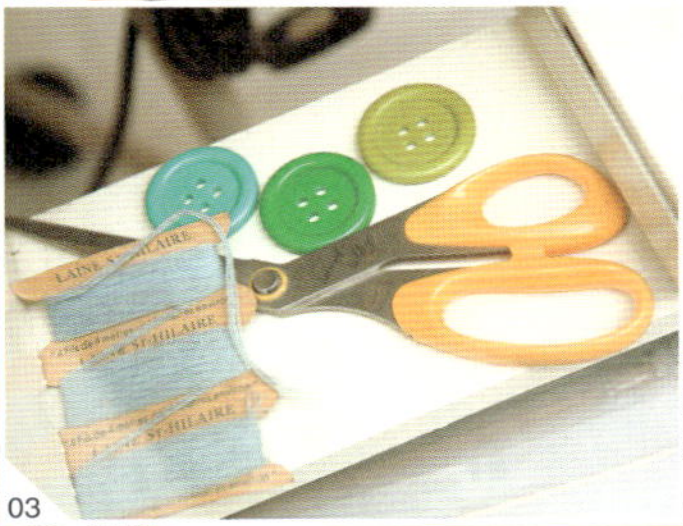

01 02 03 04 05

01** ジャケットのサイズを調整するために、腕周りを採寸する宮崎さん。02*03** 店内の随所に裁縫に関連する小物を置いて、リフォームを特徴とするお店であることをアピール。***04** らせん階段に沿った壁面に飾られたネクタイは、シルクや化繊など素材ごとに値付けしている。***05** 1階の道路に面したショーウインドウのディスプレイ。これを見て、2階へ上がってくるお客さまも多い。

30歳という年齢が意識させた夢の具現化

東京・高円寺の賑やかな商店街の路地裏に入り、「こんなところに古着屋が?」という場所に佇んでいる「Oh là là」。ショーウインドウには、トルソーを用いたコーディネイトや時計、ブローチなどが品よく並び、それだけでセンスの良さがうかがえる。

オーナー・宮崎直美さんは、名古屋出身。人生において、はじめて進路を考えた中学時代に、「将来お店をやりたい」とぼんやり思い、おしゃれが好きだったこともあって、ファッション関連の専門学校へ入学。

その後は地元で、洋服屋を営む友人を手伝いながら、オーダーメイドのスーツをつくったりしていた。

「その少し前に、約半年かけてヨーロッパの旅へ。フランスには延べ2カ月間滞在、そのときに聞いた『オーララ』って日本語でいう『あーらら』みたいな感嘆詞が、とても印象に残って。それで、自分のブランドにもその言葉を用いようと」

オーダーメイドのブランドが軌道に乗ってきたころ、ある転機が訪れる。急遽、上京することになったのだ。誰1人知り合いのいない東京で、はじめて住んだ街が高円寺。それから1年後、30歳になった宮崎さんは、中学生のころにぼんやり描いていた夢を具体的に意識するようになる。

物件を探して2週間ほどで現在の物件に巡り会い、フランスへ買い付けに出発、3カ月後の2001年5月にはオープンを迎えた。

リフォームを通じて古着とお客さんとの架け橋に

宮崎さんは、もともとゴミや環境問題に関心があり、古着を扱うのもリサイクルの一環だと考えている。お店で実施しているリフォームも、「着古され、もうゴミになるしかないような運命の服に手を加えることで、新たな服に生まれ変わる。そして、今まで古着に興味がなかった人

01

02

03

04

05

06

01**　壁が白いため、古着のカラフルな色彩が映える2階売り場。02**　靴は3,000～12,000円。状態やデザインよりもサイズによって価格が変動。状態が良くても、極端に小さいサイズなどの理由があれば非常に安い。***03**　古着はアイロンをかけるだけでも見違える。***04**　帽子やアクセサリー類が並ぶスペース。***05**　ジャケットはフランスものだと10,000～20,000円、国産だと4,000～8,000円。***06**　フランスの蚤の市で見つけたグラス。

いいものを、ちょっとでも安く！
熱意が集めた宝物

がその服を手に取ってくれたとき、ゴミを1つ減らせた」と考えている。

オープン時は需要があるのか不安だったリフォームは、当初から驚くほど依頼が舞い込み、しかも毎年年末は寝る時間もないほど。

「秋冬は、洋服のアイテム数が単純に春夏より多く、薄手のタイプが多い春夏ものより、〝着倒す感〟も薄い。またアイテムごとの構造も複雑になっているため、お客さまが自分では修理できないから、ということで依頼が増えるのだと思います」

購入商品はもちろん、持ち込み可能なリフォーム（別途料金が必要）は、お客さまと顔を合わせて相談しながら、どんなリフォームにするかを決める。リフォームは、たとえばステッチ仕上げ、肩幅詰め、裏地取り換え、ボタン移動などと、細かく分類されており、「どんなわがままでも、いうだけいってみて！」という姿勢に、信頼を寄せているお客さまも多い。

お店づくりのワザを学べ！

skill_01 品ぞろえのポイントは？

フランス産の60〜70年代ものを中心に商品を仕入れているが、2007年秋冬、思いがけないアクシデントが起きた。しばらく続いていたユーロ高が収まらず、いまのクオリティのまま価格を維持するには、フランスものの仕入れを中断せざるを得なくなったのだ。

そこで宮崎さんが目を向けたのが、60〜80年代の国産古着。「国産」と聞くと、「少々野暮ったいのでは」というイメージがあるが、この時代に限っては縫製やパターンがしっかりしており、フランスもののおしゃれ度に引けをとらない、というのが宮崎さん的分析。

突発的なアクシデントも、日ごろの冷静な分析や、豊富な知識があれば、このようにお店の信念を曲げず、臨機応変に対応できるのだ。

skill_02 商品陳列に工夫している点は？

2フロアに分かれているとはいえ、どちらも約３坪ずつで、決して広いとはいえない店舗。おのずと陳列スペースも限られてくる。

そこで活躍しているのが、階段の手すり、壁際のスペース。明確ではないが、帽子、時計、ブローチ、食器と、アイテムごとにカテゴライズされており、密集率も低いので見やすい。

また、「その商品が一番かわいく見える陳列」を心がけており、商品の上に商品を重ねて置かないというのも鉄則。靴は足元、ネクタイやスカーフは胸の高さなど、お客さまが手に取りやすく、イメージしやすい位置に陳列するのも、何気ないようでなかなかできない工夫。

skill_03 店舗物件の条件とは？

商品がお客さまのからだにしっくりくればいいが、もしリフォームが必要だった場合、少なくとも２度は来店しなければいけない。リフォームのみで来店するお客さんも同様だ。

２度目に来店してもらうことを考えると、駅からすぐ、という条件が最優先だった。お店のコンセプトのために、来てくれるお客さまのために、これだけは譲れないという条件があれば、物件探しも楽になるだろう。

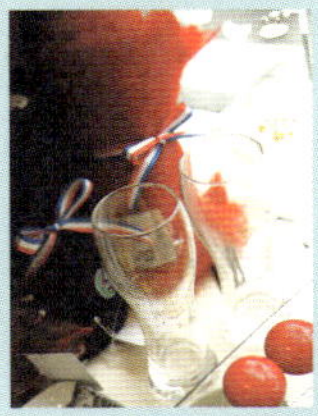

窓辺には光を通すと美しいものを。マフラーはたたんで置くだけではなく、トリコロールのリボンを結んで飾っている。

skill_04 開業資金の内訳

店舗取得費	1,000,000円
内装工事費	20,000円
インテリア類	10,000円
仕入れ費	500,000円
合計	1,530,000円

SHOP HISTORY オープンまでの歩み

1984年4月
中学時代、「お店屋さんになりたい」と漠然と思う。

1988年4月
ファッション専門学校に入学し、裁縫の技術を身に付ける。

1993年
ヨーロッパを約半年間1人旅する。

1997年
名古屋でブランド「Oh là là」を立ち上げ、オーダーメイドで洋服をつくる。

2000年
前年に上京。30歳を迎え、古着屋開業に向け具体的に考えはじめる。

2001年2月
物件を見付け、すぐ契約。大家さんに交渉し、内装工事をはじめる。

2001年5月
オープン。

the shop illustrated

図解でわかる人気のヒミツ

コンパクトな造りを生かした立体的なディスプレイ

レジカウンター
当初は奥にあったが、全体を広く見渡せる位置に移動している。
小物類
そのものが一番可愛く見える場所にディスプレイ。
ワンピース
状態の良いものだけを仕入れる。とくに、生地や縫製の優れたものにこだわる。
試着室 ─ ❸
ジャケット類
メンズ、レディーズが半々。カラフルな色使いや遊びのあるデザインなど。
ミシン ─ ❶
らせん階段
階段途中の壁からディスプレイをはじめ、実際は狭いフロアを広く見せている。
スカート・パンツ
丈の長い商品を並べ、下部にはシューズを置いてコーディネイトできるように。
アクリルボックス
透明なアクリルボックスには、グラスやアクセサリーなど、きれいなものを。
ショーウインドウ
階段下にあたるため、トルソーや棚の高さを調節してスペースを有効に活用。
防犯対策 ─ ❷

*point
フランスの街並みをイメージし、白い壁に。陳列用カラーボックスや、試着室の三面鏡も白で統一。

決して忘れたくない開業前のワクワク感

商品の買い付けは、おもにフランスへ、年に2回。一度の滞在に約1カ月をかける。

「古着だし、流行なんてないと思っていたら……ちゃんとあるんですよ。事前に雑誌などで情報収集しますが、自分のカンを頼りに半年分の仕入れをするのは、正直怖いです」

自分のモチベーションが下がってしまったときは、オープン前後、お店をやりたくてしかたがなかったころを思い出す。

「ほこりまみれで倉庫を見て回ったり、複雑な構造の洋服をチクチク縫ったり……地道な作業だと思いますが、お客さんと古着とをつなぐこと、それが私の仕事なんだと」

約10年間、自分の服は買ったことがないという宮崎さん。一番いいものは、お客さまのためのもの！と今後も架け橋づくりは続きそうだ。

Owner's Choice

小物、雑貨類は限られた時間で買い付ける

「お店の自慢できるアイテムは？」との質問に、「服はもちろん全部！　ですが、うちは小物や雑貨類もすごく人気があるんですよ」と宮崎さん。

コーディネイトにちょっとアクセントを効かせるベルト、ネクタイ、帽子、腕時計などのファッション小物以外に、生活シーンで実用性とデザイン性を兼ね備えた雑貨類が、キラキラとキュートに輝いている。

宮崎さんが海外に買い付けに行く期間は、一度に約１カ月。洋服ならば、毎日業者や倉庫を回ることができるが、掘り出し物の小物や雑貨が眠っているノミの市は、土・日曜にしか開催されない。たとえ１カ月滞在したとしても、８日間程度しか出かけられないのだ。

限られた時間のなかで出会えた、運命のものだと思うと、いっそう愛おしく思える。お店に並べるすべての商品に、深い愛情と労力が込められているのだ。

宮崎さんのお眼鏡にかなったものであれば、食器や灰皿まで並ぶ。

1

１階作業室には、宮崎さんの「大切な相棒」がちんまり鎮座。さまざまな最新型が出ている現在でもアナログ派を通し、無骨なミシンを使い続けている。故障しても修理に出す時間がなく、自分で直してしまうこともあるとか。

2

ユニークなつくりゆえ、以前は２階で作業や接客をしている間に、１階の商品を万引きされることが多かったという。現在は、２階から１階を見下ろせるよう死角をつくらない、また１階の商品には鈴を付けるなどの対策をとっている。

3

三面鏡を使った試着室。中古で購入したという三面鏡は、壁の色に合わせて白く塗り、鏡を付け替えて、即席の試着室に。３面を囲った空間が生まれ、かつ姿見としても機能するようにアイデアが生かされている。

*shop data

Oh là là《オー・ラ・ラ》

住所／東京都杉並区高円寺北3-2-19
TEL／03-3337-2422
営業時間／13:00～21:00
定休日／木曜
URL／http://www.ohlala.jp/

*message from the owner

オーナーからのメッセージ

ほこりまみれになったり、
地道な作業をしたり、
いってみれば、
他の人が面倒だと思うことを
するのが仕事です。
ただし、気を張り詰めすぎず、
ときには肩の力を抜くことも
必要ですよ。

古着屋の小物使いを見てみよう

洋服のみがディスプレイされた店内は、重い雰囲気になりがち。
お店のコンセプトに合った雑貨やポスターなどの小物使いが、
立体感と楽しさを演出するポイントになる。

「海賊船」をイメージした小物を店内に配置

FUNKTIQUE（P.026）

古着を探す楽しみを、7つの海を股にかける海賊船になぞらえた店内。船に使われる温湿度計や、鯨の置物も雰囲気を盛り上げる小道具だ。

ヨーロッパのポスターや雑誌の切り抜きで壁を装飾

HELLO SUNLIGHT（P.044）

レジ背後の白い壁を飾るのは、チェコやドイツなど、ヨーロッパで集めた雑誌のページやポスター。商品の広告も、古いものなら嫌味にならない。

ぬいぐるみとランプで子ども部屋の雰囲気に

mamimu' s（P.050）

陳列棚に、大きなぬいぐるみと、ほんのり灯るランプを置き、子ども部屋のような雰囲気に。棚には、ほかにもアメリカから買い付けたおもちゃがたくさん並んでいる。

「リフォームのお店」をトイミシンでアピール

Oh là là（P.056）

ショーウインドウにはトイミシン。はさみと糸も飾られており、看板の文字だけでなく、視覚的にも「リフォームの得意なお店」をアピールしている。

上部空間をにぎやかにするレトロな電器店の装飾

橘（P.038）

洋服と雑貨のお店に、電器店の装飾。しかし「昭和」という時代が合致しているため、違和感はない。上部空間が、にぎやかにデコレートされている。

さりげなく飾られたトゥ・シューズもお店の持ち味

ALBERTO（P.020）

店内のあちこちに掛けてあるトゥ・シューズは、単なる飾りではなく商品。ユニークなコーディネイトをさりげなく提案している。

ヘアアクセサリーで鏡の前もカラフルに

pashat-pashat antiques（P.014）

美容室の名残である、大きな鏡と、その前のテーブル。ヘアアクセサリーを並べ、鏡で服を合わせる際にもカラフルな色彩が目を楽しませる工夫を。

「ワークスタイル」を提案する、アンティークの道具類

SHARK ATTACK（P.032）

「古き良きアメリカ」を代表する、50年代のワークスタイルを提案するお店には、洗濯板や掃除道具といった道具類もぎっしり。

エントランスを飾るカンテラや、BIG BOY人形、並んだ古い空き缶も商品。取材当日は、空き缶をまとめて購入するお客さまも。

第2章
具体的なコンセプトづくり

開くならどんなお店？コンセプトを決めよう

「やってみたい」という気持ちだけでは、お店をはじめることはできません。
どんな商品を扱い、客層のターゲットはどうするか。
それによりお店の雰囲気づくりも変わってきます。
コンセプトがしっかりしていれば、競合店とどう差をつけるべきかも明確に。
古着ビジネスの動向にも注意して、自分のこだわりをかたちにしていきましょう。

古着小売業界の動向

年々変化する古着の消費ニーズを小売業界中心にまとめてみよう

長年愛されている古着にも、さまざまな嗜好の変化が表れてきた。アメカジからヴィンテージへ、さらにヨーロッパ系、リメイクものへ。最近ではコーディネイトの一部として古着を取り入れる人も増えている。第一次ブームといわれた1980年代からの動きを見てみよう。

これまでの古着ブームの動きについて

1980年代前半の第一次古着ブーム、90年代半ばの第二次古着ブームに続き、近年は第三次古着ブームといわれています。

第一次ブームがデニムやネルシャツ、スウェットなどのアメリカン・カジュアルの定着した時代だとすると、第二次ブームはヴィンテージジーンズに象徴されるレアものが脚光を浴びた時代。1着が100万円もするような高価なリーバイス「501XX」をはじめ、大量生産・消費される工業製品にはない、風合いのある古着を見直す人が増えたのです。

それとともにレプリカもののジーンズが登場したり、街には新しい古着屋が目立ちはじめました。

ここ数年の傾向はラインナップの細分化

04年ごろからの第3次ブームでは、自分だけのアイテムが欲しいという人が増え、コーディネイトに一点ものを取り入れるスタイルが定着。新たなジャンルとして、ヨーロッパ系の古着やリメイクものが流行。これまでとは異なるラインナップが好まれるようになっています。

また近年は、ネットショップやネットオークション市場の動きが活発化しており、個人店が全国まで商圏を広げることも珍しくなくなっています。

若い女性も古着を着ることへの抵抗感がなくなっている

古着の小売業界全体の動きとしては、全国展開する大型チェーン店や激安店の登場により、街の個人店はジャンルを絞り込んだり、独自性のある品ぞろえを工夫するなどの経営努力が必要になってきています。

＊古物商の許可申請が必要

古着屋は衣服を販売するという点では、一般のアパレルショップと同じだが、古物営業であるために盗品などが混入する恐れがある。そのため、お店を開業する地域を管轄する警察署の生活安全担当課または防犯課に、古物商の許可申請をする必要がある。

02年には、全国の古着小売業者のための経済産業省の認可団体である日本古着小売業協同組合が発足。07年4～5月には、有名店を一堂に集めての販売イベント「第2回 古着コロシアム!!」を開催しました。

また、経済産業省が推進する「3R」（reduse＝ゴミの削減、reuse＝再利用、recycle＝素材としての再利用）の後押しもあり、古着業界が時代における重要な役割を担っているともいえるでしょう。

近年では、若い女性の古着に対する抵抗感がなくなり、今後も需要が伸びていくとみられます。この背景には、雑誌やインターネットオークションなどのさまざまなメディアで古着が取り上げられるようになったことなどがありますが、東京・原宿の最新ファッションビル内に古着屋が並ぶことは、以前は見られなかった現象です。

古着ブームの歴史

第一次古着ブーム（1980年代前半～）

・デニムやネルシャツ、スウェットなどのアメリカン・カジュアルが一般に定着。
・ケミカルウォッシュのジーンズ人気など、新たなテイストも好まれるようになる。

第二次古着ブーム（1990年代半ば）

・ヴィンテージジーンズに象徴されるレアものが脚光を浴びる。
・レプリカもののジーンズが登場したり、古着屋の出店が活発になる。

第三次古着ブーム（2004年～）

・コーディネイトに一点ものを取り入れるスタイルが人気に。ヨーロッパ系の古着やリメイクものが流行。
・全国の古着ファンを獲得するネットオークション、ネットショップ市場が増加。

＊主な大手古着安売り店

KINJI
現在8店舗。
http://www.kinji.jp/

パーグラムマーケット
1999年3月、「パーグラムマーケット中目黒本店」オープン。現在6店舗。
http://www.p-g-m.co.jp/

WE GO
1994年8月創業。現在43店舗。
http://www.wego.jp/

ハンジロー
1992年4月、「HANJIRO MORIOKA」オープン。2007年11月の「HANJIRO SHIBUYA」オープンで12店舗。
http://www.hanjiro.co.jp/

古着と為替の深い関連性 機転を利かせた対応を

アメリカ、ヨーロッパ諸国……ほとんどの古着屋が、海外から古着を輸入している。となると、無視できないのが為替との関係だ。

中古衣料の輸入量は1995年がピークだが、これは日本円が1ドル＝79円台の最高値を更新したころと同時期。07年の現在は、ユーロ高が続いている。このような局面にぶつかったとき、どうすればいいのか。

たとえば「Oh la la」（56ページ）では、長く続くユーロ高のために、「いまの品ぞろえ（フランス古着）のままで価格を上げるか、あるいは現状価格を維持するために品ぞろえを妥協するか」という選択を余儀なくされ、結局60～80年代の国産古着を仕入れて07年の秋冬を過ごすことに。

60～80年代の国産古着は、縫製などの技術に優れ、フランスものに劣らないモダンでオシャレなデザインも多い。そのため同店が現在まで築いてきたお店のコンセプトやカラーを変えずに営業できる、賢明な措置だったといえる。

このように、何が一番大事なのか、優先順位を見誤らずに、機転を利かせられる柔軟な姿勢が必要になるときもあるだろう。

古着の種類

古着屋の現在の動向と古着の種類を知っておこう

これまで古着は、主にヴィンテージを中心としたブームにより、1本10万円以上もするジーンズなど、どちらかといえばマニア向けのものが多かった。しかし現在は、日常で着るための古着の需要が高まり、扱うジャンルも増えている。自分のお店では、どんなものを中心に扱うのか決めておこう。

ファッションとして定着 日常で〝着る〟ための古着

1990年代前半の古着ブーム全盛期には、ファッション性もさることながら、コレクターズアイテムとしての需要が高まり、都内を中心にヴィンテージもののアメカジ古着を扱うお店が多くありました。

しかし近年では、ファッション雑誌で古着特集が組まれ、インターネットオークションでも古着の売買が頻繁に行われるなど、若者たちにとって古着は身近なものになっています。また、古着にしかない個性的なデザインなど、おしゃれなアイテムのひとつとして普段着にも取り入れられるようになりました。

さまざまに広がりをみせる古着のジャンル

時代のニーズに合わせて、それまでのアメカジヴィンテージ中心ではなく、ヨーロッパの古着や女性もの、アジアン系など、取り扱うジャンルにも広がりが見られるようになりました。

単に古着を売るのではなく、リメイクを行うお店や、流行の新品服も扱うお店、また、海外のヴィンテージ雑貨や日用品を取りそろえるお店もあります。これまでにない店舗形態や商品構成など、特徴をもったお店が増えてきているのです。

アメカジのヴィンテージものは現在も人気を集めていますが、ヴィンテージは数に限りがあるうえ、ブームを経た90年代半ば以降は品薄になっています。独自のルートや在庫をもっていない限り、扱うことは難しいでしょう。

しかし、近年注目される女性ものやヨーロッパの古着は、品数も豊富で今後も参入の余地があるといえます。

*ヴィンテージ
現在、生産されていないもので、70年代より以前に少数製造されたものや80年代に製造されたなかでも人気と希少価値のある古着。デザイン、発色、仕立てなどが優れ、骨董品的価値もあるため、多少状態が悪くても仕入れるバイヤーも多い。

人気の古着屋＆ジャンルの特徴

＊ヨーロピアン

アメカジとはひと味違うおしゃれな古着

ロック系ならばイギリス、品質や発色が良いのはイタリア、女性ものならフランスなど、生産国によっても特色がある。「ALBERTO」（20ページ）ではデッドストックのTシャツを中心にワンピース、ジャケット、コートなどを取り扱っている。古着はどの国のものでも、独特の匂いをもつことが多い。体臭や香料の強い洗剤などさまざまだが、買い付けの際は、こうした匂いにも注意しておきたい。

＊リメイク

古着を今風にアレンジし、新たな商品に

古着をアレンジしてつくりかえたり、和服やドレスをワンピース、バッグに加工するなど手を加え、新しい商品として販売する。このためリメイクをするには、ある程度の裁縫技術とセンスが必要だ。「Oh là là」（56ページ）ではお客さまが購入した商品や、持ち込まれた古着のリメイクを行う。どのように仕上げるかは綿密に打ち合わせをして、お客さまの意向を十分に汲む必要がある。

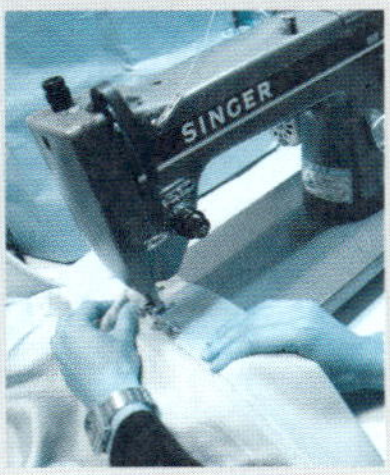

＊ジャンル別専門店

コアなファンに好まれるアイテム

軍で採用されていたミリタリー服や、人気スポーツ選手が着ていたものと同じデザインのユニホームなど、コアなファンに向けられたものがほとんど。「橘」（38ページ）では、つくりがしっかりしている60～70年代の昭和レトロ古着を専門に、若者にもお年寄りにも受け入れられる商品を展開する。こうしたマニア向け専門店では、もともと趣味で集めたものを商品としてお店をはじめる人が多く、専門ジャンルにおける深い知識が不可欠。

＊業態店

雑貨、家具など幅広い商品を販売

古着以外にインテリア雑貨や置時計、家具、雑誌など、センスを生かしたヴィンテージアイテムを取りそろえる。「SHARK ATTACK」（32ページ）では、50年代のアメリカを中心にしたヴィンテージアイテムの仕入れを行っているが、古着以外の商品も同じ割合で展開している。幅広くアイテムを扱う場合は、店内のレイアウトやスペース配分など、どちらに比重を置くかも考えておきたい。

店内の空きスペースで古着以外の商品も販売

最近では、古着以外の商品や新品も扱っていたり、カフェを併設するなど、営業形態にもさまざまな特徴をもつお店が増えている。

「ALBERTO」（20ページ）でも、空きスペースでカフェの営業を行い、ドリンクやクレープを販売。買い物に来たお客さまがホッと一息つける空間となっている。ただし、食べ物や飲みものを扱う場合は保健所への食品営業許可申請などが必要になるので注意すること。

また、新品と古着の両方を展開するお店では、新品の服を購入したお客さまにワンポイントアクセントとして古着のコーディネイトを提案。売り上げにつなげる工夫をしている。

こうした営業努力を行うことで、古着に興味をもっていないお客さまへのアピールにもなり、客層の広がりも期待できる。もし店内のスペースに余裕があれば、古着以外の商品に目を向けてみるのも手といえるだろう。

「ALBERTO」のカフェメニュー。クレープは注文を受けてから焼く。

買い取りと委託販売

「買い取り」と「委託」の違いは？さまざまな仕入れのスタイルを知ろう

お客さまが持ち込んだ商品を何でも買い取ってしまってはお店自体のコンセプトも崩れてしまう。売れる商品をどれだけ仕入れられるかが大きなポイントだ。「買い取り」や「委託」といった仕入れ方法の特徴を知っておこう。

買い取りの際は必ず事前に状態をチェック

古着の仕入れルートとしては、買い付けや卸業者以外に、「買い取り」と「委託」があります。買い取りとは、お客さまが持ち込んだ古着を買い取って、お店で販売することです。

持ち込みだけでなく、インターネットや出張サービス、宅配便での受け付けシステムなどを整えておくと、遠方に住むお客さまでも利用しやすいという利点があります。

ただし、申し込みが入ったら、事前に電話で売りたい服の枚数や、それぞれのブランド名やデザイン・形、ダメージの有無などの細かい部分までしっかり聞くこと。きちんとした確認を怠ると、欠陥商品や、お店のイメージとかけはなれたものなどが届いてしまうことも。「ヨーロッパ古着のみ」など、お店側のコンセプトを説明し、合わない商品は引き取らないようにするべきです。

また、一流ブランド商品はとくに厳しいチェックが必要。万が一、偽造品を店頭に置いてしまっては、お店の信用問題にもなりかねません。1つの商品に1〜2日かけて査定することも、ときには重要です。判断がつかないときには買い取りをお断りしましょう。

お店のコンセプトをしっかり掲げて委託販売を

委託販売とは、お客さまが持ち込んだものをお店で預かり、販売する方法です。場所代として委託料を受け取り、お店に置いておく期間はだいたい1〜3カ月ほど。お店によっても違いがありますが、もし売れた場合は、20〜40％ほどの販売手数料を受け取ります。委託販売でもお店のコンセプトに合った商品を預かることが重要となります。

＊偽造品
とくに有名ブランドの偽造商品は巧妙なものが多く、判別しづらいものも多い。これを防ぐには、お店側の商品に対する知識が深いことはもちろんだが、知り合いに目利きがいれば確認してもらう、もしくは自信がなければ「この手のものは在庫が多いから」などを理由に買い取るのをやめるべきだろう。お店でも偽造品かをはっきり確認できていない以上、お客さまに対する侮辱とも取られかねないので、断り方にも注意が必要だ。

「honey」オーナー（107ページ）に聞く、買い取りについてのQ&A

宅配便での買い取りや出張サービスの利用者は多い？　持ち込みとの比率は？

宅配便や出張サービスの利用者と、店頭持ち込み利用者の比率は、うちのお店では1：5くらい。ネットなどを介しての買い取りはあまり浸透しておらず、圧倒的に持ち込みの比率が高くなっています。出張サービスは、時間がかぎられていたり、場合によってはスタッフがお客さまの家に上がることもあるため面倒に思われるようです。引っ越しの際にまとめて引き取ってもらおうと利用するケースが多くあります。

宅配料はお客さま負担？ また、出張サービスは何着くらいから？

お店によって、規定はさまざまですが、基本的には宅配料はお客さま負担。10点以上で着払いOKなどのサービスも盛り込んだほうが利用率も上がります。

出張では、だいたい段ボール5〜6箱ぐらいを目安に出動。ただし、遠方の場合は燃料がかかるので、都内のお店であれば、「東京近郊のみ」といった規定も設けるべきです。

宅配便で、買い取れない商品ばかりが届いた場合、その服はどうする？

お客さまが返送を希望する場合を除き、お店で処分します。ただ、あまりに買い取りできない商品が多いときは、お客さま負担の着払いで返送することも。そのためにも、事前の電話で状態をしっかり確認しておけば、大量に処分品が届くというトラブルは避けられるでしょう。

電話で確認する前に送ってしまうお客さまも稀にいます。この場合ルール違反なので、買い取れそうな服があっても、査定せずに着払いでお客さまに返送するべきです。また、こういった基本情報はホームページでお知らせするか、電話で話しておくことも必要です。

委託の際の値段の付け方、委託希望者の募り方は？

売値は委託者の希望額を聞きますが、たいていのお客さまは高値に設定しがちです。お店の相場をアドバイスして値段を調整するように心がけましょう。

委託希望者の募集は、店頭にポスターを貼る、ネットやチラシでお知らせするなど。フリーマーケットに参加して、委託販売をアピールしてもOKです。

買い付けの商品はどこから入手する？

買い取り商品のみを販売しているお店は意外と少なく、買い取り中心のお店でも2〜3割は買い付けして商品を仕入れています。買い付け先は、海外の古着店や蚤の市に行って購入したり、国内でもいろいろなお店に足を運んで店主と親しくなり、格安で商品を分けてもらうなど、さまざまです。

また、フリーマーケットに販売側として参加している、ディーラーや卸売業者に積極的に話しかけてルートを広げるというのも方法です。

買い取り・委託の方法

買い取りの流れ

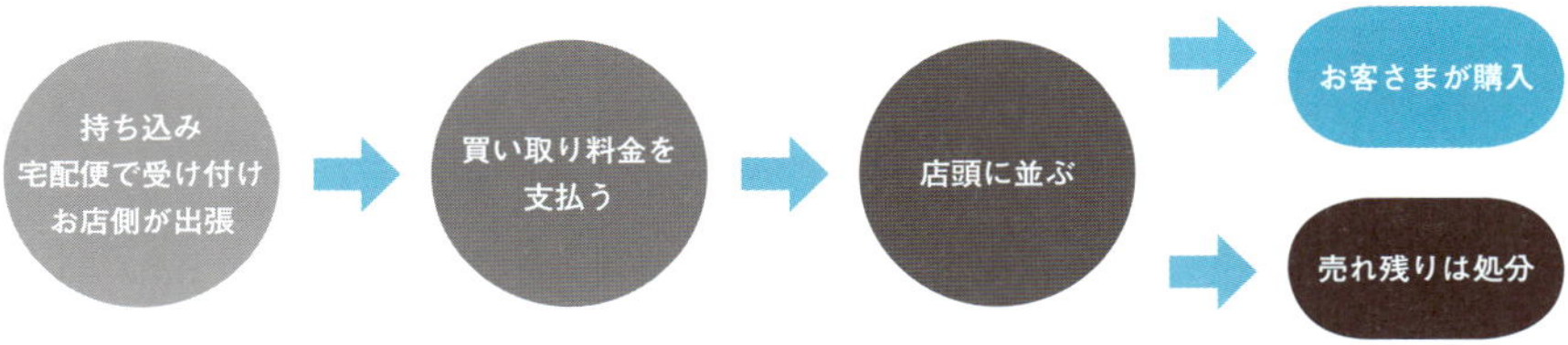
持ち込み
宅配便で受け付け
お店側が出張
買い取り料金を支払う
店頭に並ぶ
お客さまが購入
売れ残りは処分

委託の流れ

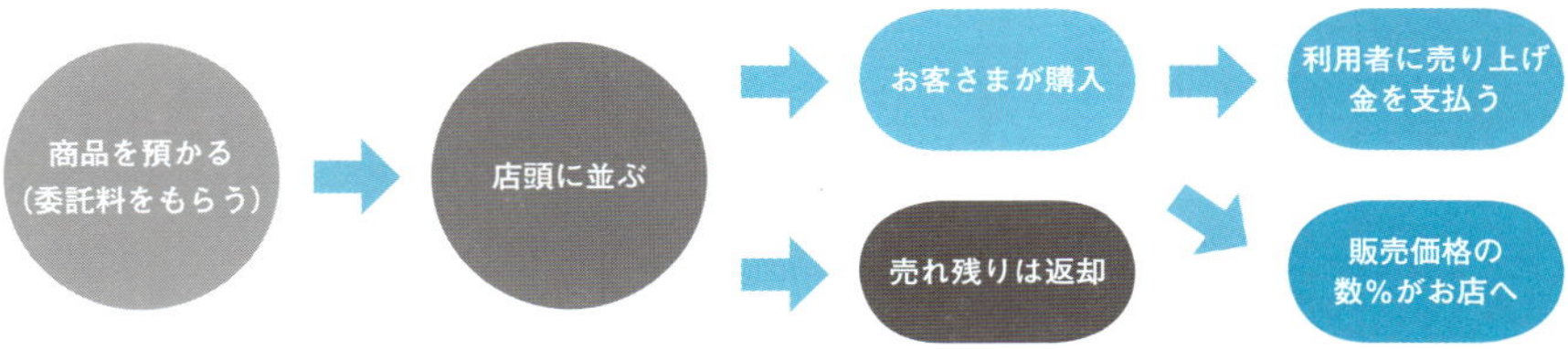
商品を預かる（委託料をもらう）
店頭に並ぶ
お客さまが購入
売れ残りは返却
利用者に売り上げ金を支払う
販売価格の数%がお店へ

実践的アドバイス #01

知っておきたい！基本のリメイク&リフォーム

古着販売と並行してできる業務に、「リフォーム」「リメイク」がある。
リフォームの域まで達しなくても、たとえば「ジーンズの丈が合わない」「スカートの裾を上げてほしい」など、商品購入後のアフターサービスとしてできる態勢は整えておきたいところ。今回は、「Oh là là」（56ページ）のオーナー・宮崎直美さんに、技を伝授していただいた。

基本中の基本、「裾上げ」をマスターしよう

裾上げの際はまず、生地が何なのかをよく観察すること。たとえば綿やウール100％など、自然の素材は洗濯後に縮む傾向にありますが、古着の場合は何度も洗ってあるのですでに縮んでいます。その点を注意しながら生地を確かめ、カットする位置を決めます。縮む生地なら何度か洗濯後に持ってきてもらうほうが心配がありません。

【パンツの場合】

大きく分けると、ジーンズとスラックスに分類されます。スラックスの場合、表から縫い目が見えないよう裏で纏ってあるので、裾上げのときには裏に何センチ縫いしろがあるかを確認。平均10センチ、最低でも6センチは取ること。スラックスは生地が柔らかいので裾が軽いとヒラヒラとしてきれいなラインが出にくく、裾が重り代わりというわけです。

ジーンズはミシンでステッチします。表から見て1・25センチ幅のステッチが基本で、内側に三つ折りするため、2・5センチは縫いしろが必要です。

裾上げで大切なのは、面倒がらずに両足の採寸をするということ。人間は個人差あれど、左右対称ではありません。また、新品の服でも縫製が少しずれていれば、左右対称ではないし、古着は何度も着用し、洗われているので、なおさら生地にゆがみや縮みが出ています。また、スニーカーやブーツなど、靴によっても丈が変わってくるので、合わせたい靴があれば履いてきてもらうのがよいでしょう。

【スカートの場合】

スカートの裾は、床から垂直に見て長さがそろっていないとかっこ悪いので、面倒でも一カ所だけではなく、円周すべてを採寸すべきです。なかには、お尻が張っていたり、お腹が出ていたりで生地を引っ張ってしまうこともあるため、円周全体の採寸が必要になります。

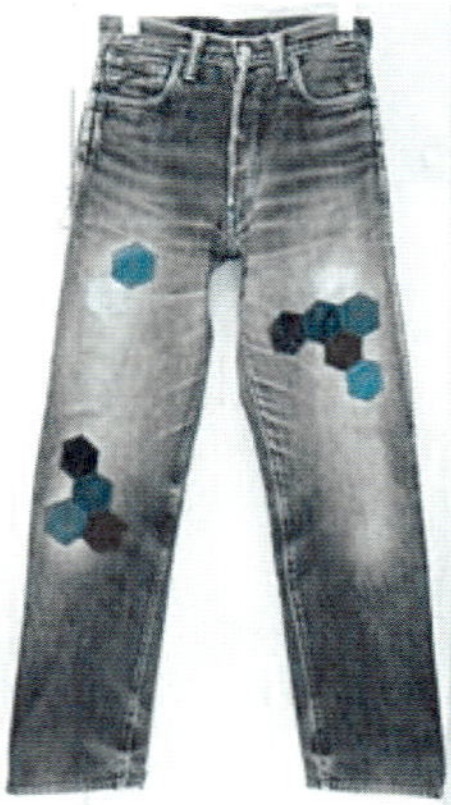

穴の開いたジーンズも、革のはぎれを使ってアップリケすれば、こんなにキュートに。

●穴の修理

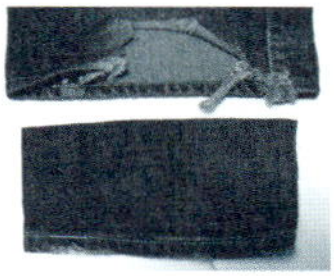

1 裾はぎれのなかで、修理するジーンズになるべく近い風合いのものを選び、この形に（下の写真）。

2 ボロボロの部分をアイロンで整え、どんな形に裂け、穴が空いているのかを確認する。

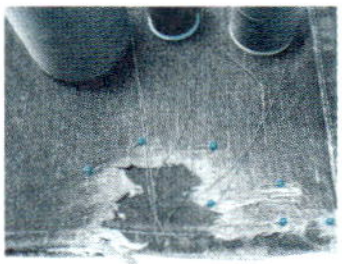

3 はぎれの位置を合わせて待ち針で留める。糸は生地の色に、より近いものを使用すること。

4 ダメージに沿って、はぎれと縫い合わせていく。何度もミシンがけを繰り返す。裏はこんな風に（下の写真）。

5 はぎれの余分な部分をカット。

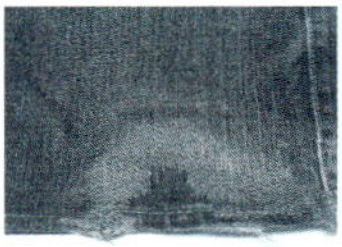

6 出来上がり！

●ダメージを残した裾上げ

1 短くしたいぶんを、真ん中でカット。

2 本体と切り離された裾部分を、縫い合わせる。

3 出来上がり。古着のダメージ（裾部分）を生かした仕上がりに。

●モッズコートの肩幅を詰める

人気の高い「肩幅詰め」は、「胸（バスト）周りを少し細く」し、「肩幅を大幅に小さくする」、というお直し。

1 身頃と袖をはずし、ステッチを丁寧にほどく。

2 肩幅を詰め、折り伏せ縫い&ダブルステッチ（表から見ても、裏から見ても、同じ仕上がりになるよう）で仕上げる。

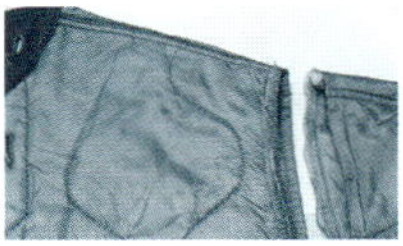

3 裏地に付いているキルティングのライナーの袖もステッチをほどいて身頃からはずす。

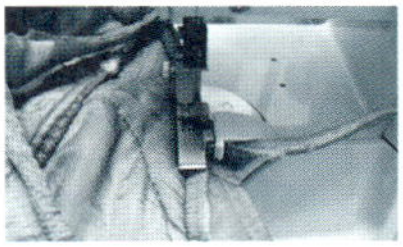

4 肩幅を詰めてロックミシンでかがる。

5 裏地の仕上がり。

6 肩幅がすっきりとしているので、コートのラインもシャープに。

●シャツの衿を開襟に

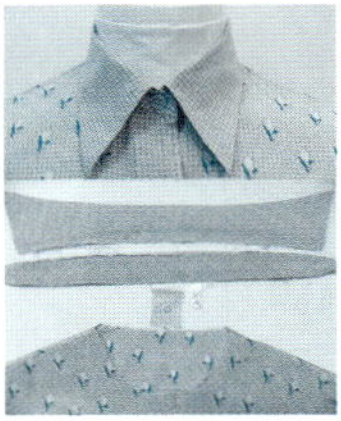

1 一般的な「台衿付きシャツカラー」。衿と身ごろの間に付いている台衿を含め、すべてを分解する（下の写真）。

2 上から2番目の台衿をはずして、ふたたび縫い合わせて出来上がり。

トレンドを知る情報源

古着屋でも必要な旬のトレンドつねにアンテナを張っていよう

古着屋といえども、現在のファッションのブームや流れを知っておくことは重要。お客さまにコーディネイトの提案をする際にも役立つはずだ。映画や音楽など、ファッション以外の分野から流行がつくられることも多い。キャッチした情報を仕入れにも生かし、売り上げにつなげよう。

東京コレクションはチェック必須

トレンドを知るには、「東京コレクション」を観にいくのが一番早い方法ですが、誰もが入場できるわけではありません。バイヤーやプレス、著名人などの関係者に限られ、インビテーション（招待状）がない人は入場できません。ですが一般客の場合でも、仲の良いお店があればそこから譲ってもらう、抽選のチケットプレゼントに応募する、といった方法で入手することは可能です。コレクションの時期にはネットや雑誌をこまめにチェックするようにしましょう。

古着以外のサンプルを見に行ったり、展示会に行ってトレンドをいち早く知ることは重要です。そのためにも、古着屋以外にもこうした場所へ足を運び、顔を覚えてもらうといいでしょう。

音楽・映画などの分野から発信されることも多い

１９９０年代前半に流行したグランジ・ファッションは、当時人気を博していたロックミュージシャンが着ていた擦り切れたネルシャツ、穴の開いたジーンズといったスタイルがお手本で、音楽とともに若者からの熱狂的な支持を集めました。また、海外の文化や思想に強く影響を受けているとされるゴシックファッションなども日本では、90年代にブームとなったヴィジュアル系バンドの影響が強く、インパクトのあるファッションが話題にのぼりました。

ファッションの文化はこうした、芸術分野との深い関わりをもっています。身近な音楽や映画に接することは、時代のトレンドや情報をキャッチすることにもつながるといえるでしょう。

＊東京コレクション
年に2回、東京で開催される服飾ブランドが新作を発表するプレタポルテコレクションで、世界５大コレクションの１つ。
１９８５年、日本の代表的なデザイナー32名によって創設された東京ファッションデザイナー協議会（ＣＦＤ）が中心となり開催。３～４月と８～９月にシーズンを先がけて新作が発表され、パリを皮切りにミラノ、ロンドン、ニューヨークで世界的なコレクションが開催され、東京コレクションはその最後を締めくくる。06年には「東京発 日本ファッション・ウィーク」（ＪＦＷ）という総合ファッションイベントの中核として生まれ変わった。日程などの詳細はホームページを参照。http://www.cfd.or.jp/

トレンドや、業界動向をつかむ！

＊参考にしたい雑誌

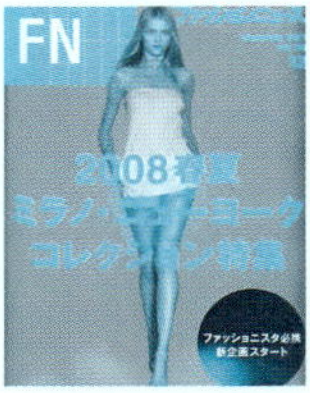

Fashion News
(INFASパブリケーションズ)
パリ、ミラノ、NY、ロンドン、東京で開催される各シーズンのコレクションを掲載。豊富な写真だけでなく、各ブランドの寸評やデザイナープロフィールも充実している。年10回発行。

流行通信
(INFASパブリケーションズ)
モードとライフスタイルを追求するファッション誌。最新のファッションアイテムを数多く取り上げ、ファッション以外にもスターのインタビューや海外の街の紹介、エンタメ情報なども充実している月刊誌。

SENSE
(飛鳥新社)
既存のストリートファッション誌を卒業した男性をターゲットに、ミュージックシーンからカルチャー情報までを取り込み、深く切り込んだファッション情報を提供している月刊誌。

STUDIO VOICE
(INFASパブリケーションズ)
国内外の文化、アート、ファッションなどのサブカルチャーな話題、クリエイターの紹介、最新ニュースを提供している月刊誌。

＊WEB

FASHION NEWS EXPRESS BB
http://www.fashionnews.co.jp/bb/
会員制ファッション動画配信サービス。世界各地で行われるファッションショー、素材展、ファッションセミナーなどの最新情報が、いち早くチェックできる。

apparel-web.com http://www.apparel-web.com/
ファッション・アパレル業界の情報サイト。ファッションのブランド情報からアパレル企業検索・アパレル業界ニュースまで幅広い情報を網羅している。

ACROSS Street Marketing
http://www.web-across.com/
東京の街とそこに集う若者たちのリアルな姿を情報収集することにこだわる。クリエイティブな視点も含め、「ひと・モノ・街」などを複眼的に観察・分析している。

＊TV

FASHION CHANNEL
http://www.fashionnews.co.jp/program/fcn_intro.html
ケーブルテレビなどに配信しているファッション情報番組。パリ・ミラノ・ロンドン・ニューヨーク・東京など世界のファッション都市から最新コレクションを、わかりやすいトレンド解説付きで年間52本ほど放送。また、国内・海外の注目株のニューウェーブ・デザイナーからイベントまで、「ファッション」「トレンド」をキーワードに時代の大きな潮流をレポートするさまざまな特集も組まれている。

ファッション関係者に多くの知り合いをつくろう

コレクションや展示会に行く、業界の情報を教えてもらう……情報交換するには、1人でも多くファッション関係者との交友関係は広げておきたいもの。友人知人の紹介、また、流行の発信地ともいえる渋谷や代官山、青山などのショップに通い、スタッフと仲良くなるというのも手。

もし交流をもつことができれば、業界の情報をいち早く仕入れたり、また、ファッション関係者が集まるようなお店に連れて行ってもらう、といった裏技も可能だ。とくにそういった場所では、同じファッション業界に身を置くもの同士、名刺交換をしたりと、さらに交友関係の広がりも期待できる。

このほか、フリーマーケットに出店する業界関係者もいる。売っている商品や、コーディネイトを見たり、ひと際人気となっているようなところなど、自分で「もしかして？」と感じたら、とりあえず気軽に声をかけることからはじめよう。

Vintage Store Style
古着屋の豆知識
part1

キャリア10年のスタイリストに聞くセンスを磨くコツ

商品の仕入れから、お店のレイアウト、お客さまとのやりとり……オーナーとしてのセンスはあらゆる場面で問われる。さまざまなメディアで活躍中のスタイリスト・高山良昭さんにセンスアップのポイントを伺った。プロの意見を参考にセンスを磨こう！

1 映画・音楽から吸収

映画や音楽などのカルチャーがデザインやトレンドに与える影響は大きい。たとえ好みではないストーリーやジャンルのものでも、観る・聴くことで視野が広がり、自分のなかにもデータとして蓄積される。俳優やミュージシャンのファッションにも注目しよう。

2 歴史を紐解き、そのファッションの文化的背景を知る

ブランドの誕生から現在までの経緯や、ジーンズを扱うならデニムの歴史、ミリタリーなら戦争の背景など、より深い知識を身に付けておけば、お客さまへの説明に困ることもなく、信頼も得られるようになる。また、その年代の写真集を見ることでも、センスを取り入れることが可能。歴史を知ることで、デザインやトレンド、時代で求められるセンスの推移などもわかるようになる。

3 フリーマーケットに参加する

スタイリストや同じ業界の人が、フリーマーケットに出店していることもよくある。売っているものや、何気なくコーディネイトされ、吊るされているものにもセンスの良さが出ており、決まってその店は人だかりができている。
話しかけて仲良くなるのが、交友関係を広げるためには一番だが、まずは接客や値段設定、コーディネイトの仕方を観察し、研究しよう。その後、自分もフリーマーケットに出店し、オーナーとしての腕だめしをしてみよう。

4 リメイクに挑戦

着ない服があれば、捨てるのではなく、どうすればカッコよく見えるか、自分でリメイクしてみよう。リメイクしなくても、分解して、どうやってできているのか構造を知るだけでも学べるものがある。

5 洋服以外にも関心をもつ

プライベートで趣味をもつことも大切。音楽や映画が好き、DJをする、写真を撮るなど、自分の興味をすべて洋服に注ぐのではなく、別のものにも広げてみること。これによって人としての魅力が増し、資質も上がる。個性を大切にすることで独特のセンスが磨かれる。

6 センスが同じ スタイリストを見つける

雑誌を見ていて、気に入ったファッション、スタイリングがあれば、そのスタイリストの名前をチェックしよう。気にいった映画があれば、その監督や俳優の作品を続けて観るのと同じこと。コーディネイトのセンスも少しずつ培われていくはずだ。

7 いろいろなジャンルの 服を楽しむ

自分でも、さまざまなジャンルの服を着てみよう。そうすることで、自然に自分のスタイルも厳選され確立していく。コンセプトを打ち出すうえでも、自分のこだわり、スタイルをもつことが大切。

8 限られた枠で買い物をする

ある程度金額や時間を設定し、古着屋で買い物をしてみよう。限られた範囲で良いものを選びだす目とスピードを養える。普段の仕入れの効率が上がるほか、海外に買い付けに行った際、短時間で回らなければいけない場合などに生きてくる。

9 コーディネイトする

自分でコーディネイトし、着てみてチェックする。トルソーで試して客観的に見る。最終的に、商品を見ただけで自分の頭のなかでコーディネイトのイメージができているようになると良い。

*Profile

高山良昭さん（たかやま　よしあき）

本書では3章を監修する、人気のスタイリスト。1977年神奈川県生まれ。モード学園を卒業後、アシスタントを経て独立。映画のスタイリングに携わった後、現在はファッション誌やテレビで活躍中。

地域の特徴

それぞれの地域の特徴をつかんでお店の運営に生かそう

お店の営業場所を決める際は、客層を含めてその地域をよく理解しておくことが重要だ。表通り沿いで集客を多く見込む、路地裏で隠れ家的お店をめざすなどさまざまな戦略が考えられるが、その前にまず、それぞれの地域の特徴を踏まえたコンセプトづくりをしよう。

大都市か、地方都市か それぞれの特徴をつかむ

開業する場所として全国へ視野を広げると、やはり札幌や名古屋、大阪、広島、福岡など、人口も多く商圏の広い大都市が有利といえます。なかでも東京をはじめ千葉、さいたま、横浜といった首都圏なら、多くの情報やファッションに敏感な若者が集まり、客層となるターゲットも絞りやすくなるといえます。

こうした大都市が毎日通える距離であればよいですが、もしそうでないなら、たとえば県庁所在地や第二・第三の都市をめざす道もあります。現在の住まいと異なる都道府県ならば、いわゆるU・I・Vターンの支援に積極的な自治体が多く、こうしたサポートは利用したいところ。

とくにお店の営業がはじめてという場合には、わからないことや戸惑うことも多くあるかもしれません。また、開業準備から軌道に乗るまで、多くの人々の協力も必要です。サポートを通じて事業者仲間などを紹介してもらうなど、積極的にコミュニケーションを図りましょう。

自宅を店舗としてはじめるのも手 地域の情報も活用しよう

少ない資金を元手に、個人で古着屋を開業しようとする場合は「小さくはじめて大きく育てる」というのもひとつの方法です。そこで、自宅を店舗代わりにすることも考えてみましょう。住んでいる場所なら土地勘もあるため、ターゲットとなる客層も把握しやすく、有利になるといえます。

協力してくれる知人が身近にいれば、人手の足りないときやいざというときの強い味方となってくれるでしょう。

＊U・Iターン
自分の故郷に戻る（Uターン）、都市出身者だが田舎に住みたい（Iターン）という人々のことや動きを指す。
これらのU・Iターンに関して各地方では積極的に定住、創業支援を行っており、各自治体のサイトでも紹介を行っている。詳しく知りたい人はそれぞれ希望の地域で支援を行っているかも調べてみよう。

●定住・創業支援を行う自治体のサイト（一部）
・北海道
http://www.pref.hokkaido.lg.jp/kz/sky/sanshin/kaigyou/sougyou_leaf.htm
・富山県
http://toyama-teiju.jp/

また過去に住んだことがある、もしくは通学や通勤などで馴染みの深い地域を選ぶ方法もあります。周辺の情報を収集し、古着屋を開業する際に有利な条件が多くあるほど、お店の営業にもプラスとなるでしょう。

候補となる地域にはできるだけ足を運ぶ

営業する場所をどのような地域にすればよいか迷う場合は、休日などを利用して候補の地域に何度か足を運ぶ、あるいはそこにしばらく滞在してみるのもいいでしょう。長期滞在でペンションなどに泊まり込んでその地域や街の様子をチェックし、自分のお店の客層となるターゲットは多くいるのか、街のどの辺りに集まっているのかなども調べておきます。

必要なのは、その地域で古着屋を成功させるためにはどのようにすればよいか、また、現実に生活し、お店も運営していくことが本当に可能なのかどうかということを見極めることです。

成功店に見る地域選びの実例

「FUNKTIQUE」濱松聖さん

都内で卸業者として活躍していた濱松さんだが、故郷の福島県いわき市に自店を構えた。「将来戻ることを見越して、それならはじめから故郷で地盤づくりをするのが得策だと思ったのです」。スタンダードなアイテムを多くそろえ、家族連れなどもゆったり買い物できるように通路を広くするなど工夫を凝らし、地元の幅広い層から支持を受ける。

「mamimu's」高柳浩子さん

オーナーの高柳さんは都市の繁華街と郊外の両方でお店の経営を経験し、その運営方法は大きく異なっていたという。お客さまの滞店時間が短い繁華街では、商品を探しやすく美しいディスプレイにし、顧客を増やすことに成功。郊外では駐車場も完備し、「商品をゴチャゴチャと山ほど並べ、探したら何か面白いものがあるだろう」という演出を行ったところ、購買率が高まったという。

「oh là là」宮崎直美さん

古着屋の激戦区、東京・高円寺で、リフォームも行う古着屋を開業した宮崎さん。古着好きが多く集まる街だけに、洋服に愛着をもつお客さまは多い。周囲には古着屋が多くあるが、リフォームができるという点がお店にとって大きな強みとなり、付加価値を高めることにつながった。「どんなわがままでもいうだけいってみて！」という姿勢も顧客からの信頼を得ている。

自分好みの店づくりにこだわるのならば

どのような地域であれば成功するか、あるいは、そのための店づくりなど、ビジネス面を重視する一方で、個性を重視して「自分好みの店づくりにこだわりたい」という人も多いだろう。

こうしたこだわりを貫くためには、「自分好みの店」を探し出し、そのお店がなぜ、古着屋として成功しているのかを分析してみる必要がある。あるいは逆に、成功していないと感じればその理由を探ることも大切。

もちろん単純に、成功しているお店の地域内に出店するという方法もあるが、それで必ずしも自分のお店も人気が出るほど甘くはない。人気のお店はそれなりの理由をもち、多少立地が悪くとも顧客がついているものだ。まずは、それをよく研究するのが得策といえる。

フリマ＆ネット販売をしてみよう

実店舗を開業する前に、フリマやネットで販売のコツをつかもう

古着屋を開業したいという夢があっても、資金が足りない、商売をはじめるなんて不安……という気持ちから、なかなか開業に踏み切れない人も多いはず。まずはフリーマーケットやネット販売を体験してみよう。

フリーマーケットでナマの商売を実体験

お客さまと直接向き合い、商売の予行演習ができるのがフリーマーケット。素人からプロまで、雑多な売り手が、それぞれ工夫を凝らして販売しています。

買い手は、いいものをなるべく安く手に入れようと、どんどん値切ってくるのが当たり前。活気ある楽しい雰囲気のなかにも緊張感を味わえます。

フリーマーケットは全国各地で毎週のように行われており、主催者は自治体やリサイクル系NPO、任意団体などさまざま。インターネットで検索すれば、自宅近くで開催されるフリーマーケットが簡単に見つかるでしょう。

ネットオークションやネット販売で腕試し

ネットオークションは、ネットに接続できる環境とデジタルカメラがあればはじめられ、カメラ付き携帯電話1つでも事足ります。

出品するには会員登録をして、商品情報や決済方法を設定します。販売目的で他者から仕入れたものを出品する際は、古物許可番号をサイト内に表示しなければなりませんが、自分のものを出品するだけなら古物商の免許も不要です。

ホームページを制作できるなら、ネットショップを立ち上げる方法もあります。また、大手のプロバイダーが運営しているようなショッピングモール内にショップを立ち上げれば、アクセスされやすいでしょう。

注意したいのは、買い手が顔の見えない相手であっても、お客さまとの関わりこそが商売の基本であるということ。また、お互いがよく見えないぶん、迅速・丁寧な対応を行い、信頼関係を築くことが大切です。

＊事業者の表示義務
経済産業省は2006年1月31日、「特定のカテゴリーで同一商品を一度に規定数以上出品していたり、落札額の合計が1カ月間で100万円を超えるなど、一定期間の取引額を満たす場合には、個人の出品者であっても特定商取引法上の事業者にあたる」とする、『インターネット・オークションにおける〈販売業者〉にかかわるガイドライン』を公表した。これにより、該当する場合には、事業者表示をしなければネットオークションへの出品ができないとされた。
詳細は経済産業省のHPを参照。http://www.meti.go.jo/policy/consumer/contens1.html

フリーマーケット参加の基礎知識

＊おもな出店カテゴリー

プロ出店

業者や企業の出店料は１～2割高い。プロ禁止のフリマもある。プロとは、新品・中古品にかかわらず仕入れた商品を販売する人のこと。

アマチュア出店

家庭の不用品のみを扱う出店。ただし、コレクションを処分するなど、同一品目を大量に売ったりする場合は、プロと見なされることも。

＊いろいろな出店スタイル

手づくり出店

手づくり品のみを扱う出店。商品の質が高いと、プロと見なされることも。

車出店

割り当て場所に車を置く出店形態。商品の搬入・搬出の手間が省けて楽。

手もち出店

シートやテーブルに商品を並べる、オーソドックスな出店形態。

●注意したいこと

① 商品の説明はしっかりと！

アマチュアでもお金をいただく以上、お客さまにとって売り手はプロ。商品説明は誠意をもって行い、汚れや小さなキズなどもきちんと説明しよう。

② 料金について

主催者によってまちまちだが、平均額は数百円～数千円。一般に、手もち出店より車出店のほうが高め。

おもなネットオークションサイト&ショッピングモール

分類	サイト名	備考	URL
オークションサイト	YAHOO!オークション	国内最大級のネットオークション。ファッション系の出品数は約300万点。	http://auctions.yahoo.co.jp/
	モバオク	携帯電話から参加できるネットオークション。ファッション系の出品数は約100万点。	http://www.mbok.jp/
モール	楽天市場	国内有名ネットショッピングモール。商品別に登録して、販売できる。	http://www.rakuten.co.jp/
古着のネットワーク	古着屋サーチ	全国の古着屋検索サイト。お店の名前と所在地のみの紹介だが、ホームページがあればリンクさせることができる。	http://www.7kmt.com/shop/
	古着ナビドットコム	古着以外にもヴィンテージ雑貨、靴など幅広く商品を扱う。地域やカテゴリー別で細かく検索が可能。店内写真なども掲載できる。	http://www.furuginavi.com/

※参加方法や費用など、詳細についてはそれぞれのサイトでよく確認してください。

資源としての古着利用
新たなルートづくり

行政や自治体が分別回収した衣類は業者が選別し、再利用可能なものは海外に輸出されています。最近では、故繊維と呼ばれるこうした古着が増加傾向にあり、国内での繊維リユース（資源の再利用）が望まれています。

進む中古衣料の資源回収 今後も増加傾向に

行政の資源回収では、いらなくなった衣類の分別回収が定期的に行われていますが、故繊維業者（行政回収された古着などを選別し、海外輸出などを行う）はそれを引き取ります。業者は着用不可能なものをウエス製品やフェルト材などに使用、再利用可能な衣類は、おもにアジアなどの海外に輸出しています。しかしここ数年、行政・自治体の資源回収が進んだことや再生しづらい化学繊維やプラスチックを原料としている衣料が増えたことなどから故繊維量が増加。また、故繊維業界と国内の中古衣料市場（販売店）をつなぐ組織などがなく、安定した供給源になっていないことも大きな課題となっています。

お店のコストダウンも可能 繊維リサイクルにも貢献

行政回収された衣類が1日約40トン集まるという共栄繊維株式会社では、紳士服、婦人服の夏・冬物、子供服など130種類に選別。海外輸出を行うほか、自社で運営する店舗でも販売しています。同社では卸も行っているため、お店と直接契約しているほか、ショップオーナーが同社の工場へ訪れ、点数単位で買い取っていくケースもあるといいます。

こうした故繊維は、相場としておよそキロ数百円～800円程度で取引されていますが、状態、アイテムにより変動があります。また、地区によっては行政からの回収量や内容にも違いがあるので、できれば選別を行っている業者に直接足を運び、仕入れについて交渉してみるのがいいでしょう。現在、この選別において体系化されるべく、経済産業省の推進する事業として取り組みが進められていますが、現段階では確立に至っていないというのが実情です。

海外古着は人気がありますが、それなりにコストもかかるため、こうした国内の中古衣料市場を見直すことで、コスト削減や新たなルート開拓にもつながります。繊維リユースが早急に求められている現状もあり、こうした国内の市場に目を向けることは社会的にも大きな役割をもつといえるでしょう。

共栄繊維（株）に集められた故繊維。現在では一般家庭からもこうした十分に利用価値のあるものが多く回収されている。

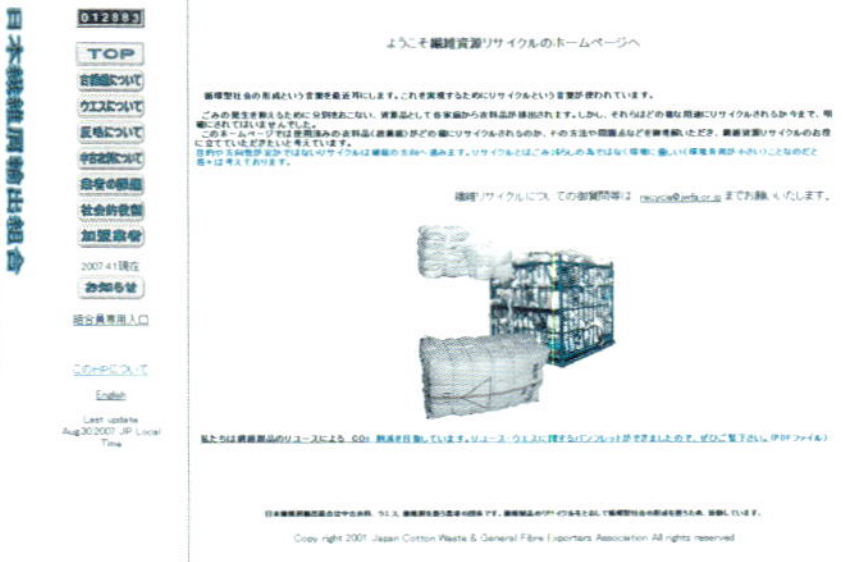

日本繊維屑輸出組合
http://www.jwfa.or.jp/
中古衣料、ウエス、繊維屑を扱う業者の団体。繊維製品のリサイクルを通じ、循環型社会の形成を担うための活動を行っている。

第3章
進化する古着屋のスタイルを探る

古着屋の枠を超えた！人気のお店

個性の多様化により、古着屋の形態や業界全体の流れも変化しつつあります。
オリジナルブランドを展開するお店や、
企業や他店とコラボレーションして次々に新しいイメージを打ち出すお店、
リメイクをきっかけにデザイナーとして活躍の場を広げる人もいます。
「古着」という概念を超えた、新たな試みがはじまっているのです。

新しい古着屋の経営スタイル

街で、ネットで注目を浴びる！ 古着ビジネスの進化型ショップ

古着屋を維持継続するためには
ヴィンテージ中心のラインアップにするなど、
専門性の高さを売りにするのも手だが、
これから参入する場合、限りある古着市場で
既存店の品ぞろえを超えることは困難ともいわれている。
今人気の古着屋でも、新しい試みが功を奏しているケースが顕著だ。

今のファッションに合った着こなしアイテムとしての古着

現在成功している古着屋（そのほとんどが90年代にオープン）は、古着を仕入れて売るだけでなく、新たな展開をしているケースが顕著にみられます。

たとえば、最も多いのがオリジナル商品の開発です。「JUMPIN' JAP FLASH」（84ページ）では、古着では手に入りにくいアイテムを独自に商品開発して成功しています。また「flower」（88ページ）では、仕入れる古着もオリジナルも、スタッフが「今着たい服」を取りそろえています。

こうした傾向は、従来の古着の着こなしとは異なり、現在のファッションの流行に沿ったアイテムとして古着を求める人が多くなっていることの証明ともいえます。

実際に、新しい着こなしの提案から流行を生むケースも少なくありません。たとえば古着で手に入りやすいロングスカートも、そのシルエットは流行に反しているため、「flower」では子ども用サスペンダーで胸元まで上げるという提案をし、店頭で組み合わせて販売。現在、街でよく見かけるスタイルになっています。

オリジナルブランド開発やリメイクで付加価値を高める

古着を今の視点で提案するプライベートブランド開発も活発に。東京・中目黒「waingman wasa」では、オリジナルブランド「ロリンザ」を立ち上げて成功。全国に取扱店を広げています。また「Output」でも、「リメイクという限られた縫製・加工技法の限界を追い求める」をテーマに、2008年に「few.re:ve」をスタートしています。

一方、原宿の「BERBERJIN®」（92ページ）はメーカーとの協働に積極的。リーとコラボレート・ジーンズを製造販売したり、ナイキと協力して期間限定のショップを開いたりと、古着小売りの業態にとどまらない活動が知られています。〈古いもの＝品質の良さ〉というイメージが一般化するなか、知名度のある企業とユーザーに近いお店にとって相乗効果を期待できるのです。

より身近な例では、古着を「素材」として捉え、組み合わせや加工によって、まったく新しい洋服として再生させる、リメイク専門の人気店も増えてきています。

はじめは小さな個人店でも、さまざまな拡大・発展の可能性があります。同じ業界の経営者として、このような流れをつねに意識することも大事になってくるでしょう。

JUMPIN' JAP FLASH

オリジナルブランドの開発

オリジナルブランド「ID dailywear」の名は、次の３つの理念に由来するという。一度は捨てられた古着を独自のフィルターを通して商品とし、それをお客さまにも認知されること（「Identify」＝認知する）。商品のコンセプトは、着る人によって個性を引き出すシンプルなもの（「Identity」＝個性）。そして、さまざまな着こなしを提案すること（「Idea」＝発案）。それぞれの頭文字をとったもの。

「ID dailywear」のタグと、「JUMPIN' JAP FLASH」の店内。

BERBERJIN Ⓡ

期間限定のコラボショップ経営

コラボショップ「NIKE HERITAGE by BERBERJINⓇ」は、ナイキ創業当時の復刻品と、それに現代のテクノロジーを加えた新商品を展開することを目的に、06年９月下旬〜07年１月末まで期間限定でオープンした。田舎町の廃墟を空間コンセプトに、白い壁に汚れたペイントを施したり、ヴィンテージ風の什器にディスプレイするなどして、味わいのある雰囲気を演出している。

ストリートファッションのウェブマガジン「unbar」に掲載された「NIKE HERITAGE by BERBERJINⓇ」の様子。

flower

オリジナル商品のネット販売

同店のオリジナル商品は、ネットショップの人気ランキングでも上位を占める。ユーザー評価欄に書き込まれた簡潔な意見・感想も商品選びの役に立っているようだ。また、ショップスタッフがモデルになって着用している写真もあり、実店舗のお客さまにとっても親しみのあるカタログとなっている。

「flower」のネットショップ（http://flower-webshop.jp/）で紹介されるオリジナル商品。商品写真は、平置き、トルソー着用またはモデルが着用した写真や、金具やフリンジ、刺繍などの拡大写真もあって親切だ。

古着
×
オリジナル

こだわらないことによって生まれた、古着屋のオリジナルブランド

若きショップマネージャーが企画し、立ち上げたブランド「ID dailywear」。

「古着にはない、でも古着と合わせやすい」カットソーが
人気を博し、販売数は月間100枚以上に。わずか半年でアイテム数を25種類に増やした。

人気ショップから発信される「毎日着ても飽きない」

ブランドは、古着屋以外からも注目を浴びている。

ただ古着を売っていればいいだけの時代は終わった

古着の販売のみならず、オリジナルブランドを立ち上げ、成功しているお店がある。中目黒の人気店「JUMPIN' JAP FLASH」だ。「ショップのコンセプトは、とくにありません（笑）。こだわらないことにこだわっているんです」と語るのは、ショップマネージャーの多田圭佑さん。古着屋に対するイメージを固定させず、お店自身がつねに変化を続けることが、生き残りの鍵だという。

*shop data

JUMPIN' JAP FLASH

ジャンピンジャップフラッシュ

若者から高い支持を得ているショップ。店内には定番からヴィンテージ、リメイク古着まで、幅広い年代やジャンルの古着が並ぶ。

住所／東京都目黒区上目黒1-3-13　ラインハウス中目黒1F
TEL／03-5724-7170
営業時間／12:00～20:00
定休日／無休
http://jumpinjapflash.com/

「ID dailywear」のブランドテーマは「毎日着ても飽きないもの」

01** 60年代ものの風合いを再現したカットソー（5分袖4,500円／半袖4,000円）。長袖（5,250円）もあり、カットソーのみで重ね着が楽しめる。オフホワイト、グレイを加えた3色。02** 表裏2枚の生地を接結したリバーシブルタイプのボーダーカットソー（8,950円）。***03** 光沢のあるシルケット加工が特徴のVネックカットソー（7,000円）は、4色を展開。***04** 古着のような風合いをもつジップアップパーカー（16,800円）。フードが小ぶりなので重ね着に最適。***05** 3本ステッチが特徴のヘビーオンス・チノパンツ（18,900円）。ブラック、カーキもあり。***06** 珍しいブラックのチノシャツ（23,200円）。厚手のため、アウターとしても重宝する。

それを裏付けるかのように、2007年1月に新作発表したブランド「ＩＤ ｄａｉｌｙｗｅａｒ」は、発売当初から月間100枚を売り上げ、新品でありながら古着屋の目玉商品となった。

古着といえども流行と無縁ではない。たとえばパーカー。近年タイトなものが人気だが、アメリカの古着市場では、仕入れは容易ではない。多くの業者がすでに大量に買い付けており、絶対数が少なくなっているのだ。ブランドの企画を立ち上げた06年、多田さんは「ＪＵＮＰＩＮ'ＪＡＰ ＦＬＡＳＨ」に入社して4年目。すでに仕入れとお店の運営を任されており、仕入れた古着のみに頼る経営に不安を感じていた。

「古着屋には何かプラスαが必要だと、以前から商品として欲しかった、カットソーを生産してブランド化する企画をオーナーに直訴しました」

比較的新しいアイテムであり、生地が傷みやすいカットソーは、古着ではほとんど手に入らないもののひとつ。仕入れと販売の経験から、多田さんが最も欠けていると感じていたものだ。「古着で手に入らなければ、つくってしまえばいい、そう思ったんです」

企画はすぐに会社で承認され、オリジナルブランドのプロジェクトが開始された。

手探りではじめた服づくり

さっそくサンプルの制作に取りかかったが、服づくりに関してはまったくの素人。現在ではあまり使われなくなった生地の風合いや、ステッチ技術を再現したい。古着に対する愛情と、つくりたい商品の大まかなイメージはあったが、デザインや生地、縫製の方法など、具体的な指示ができるほどの知識がなかった。

まずは工場に生地を発注したのだが、「手触りだけを伝えられても生地はできないと、担当者に怒られてしまいました」。

知人に相談したところ、生地サン

サンプルを真剣な表情で見つめる多田さん。アメリカでの買い付けとショップ運営の経験から、3本ステッチなど、古着のディテールを再現しつつ、古着では仕入れが困難なアイテムをつくり出す。お店では古着とのコーディネイトを提案。

古着では手に入らないアイテムを創り出すアイディアの源泉は、やはり古着です。

プルを取り寄せることを勧められた。そのうえで、自分のイメージする生地の、素材や織り方について検討した。ようやく、生地工場の担当者に相談に乗ってもらえた。

デザインを決めるのも難航した。毎日着られるようなシンプルなカットソーで、重ね着できるよう袖の長さを3種類用意する、というところまではイメージしていたのだが、実際のかたちは漠然としていた。

「このときは縫製工場の方と何度も打ち合わせをしました。サンプルをつくり直してもらい、少しずつ理想とするかたちに仕上げたんです」

仕入れや接客といった、本来の仕事と平行して作業を進めたため、ようやく最終的なサンプルが出来上がったのは、プロジェクトの立ち上げから5カ月が経過したころだった。

自分たちが発信したモノが受け入れられる快感

発売時、プレスリリースはいっさい行わなかった。にもかかわらず、口コミで序々に人気が広がった。噂を聞きつけ、他店からも扱わせてほしいという注文が入り、発表から1年で古着屋以外の小売店も含め全国で20店舗に卸すまでに成長した。

アイテム数も増えた。カットソーの制作で得た生地やデザインの知識を生かし、チノパンやチノシャツなどを、今度はテンポよくつくった。「ID daily wear」のラインアップは現在25にものぼる。近年ではほとんど見られない3本ステッチを使用したりといった、古着にインスピレーションを得た、シンプルななかにもこだわりが垣間見られるアイテムばかりだ。

好調な売れ行きにもかかわらず、多田さんは「オリジナルブランドに固執するつもりはない」という。そればかりか、ファッション以外の分野に進出する可能性も示唆する。

「自分たちが『絶対、コレいい！』と思って発信したモノが受け入れられる。それが一番うれしいんです」

01

03

focus on the shop

お店のディスプレイをCHECK!!

*01 07年秋冬のテーマはアウトドア。段ボールと布を重ねて山をイメージさせ、その上に登山靴を配置した。*02 アンティークの椅子にカーディガンを掛け、くつろぎを演出。*03 マガジンラックは、プリントを見せたいTシャツを陳列するのに便利。*04 脚立で靴のディスプレイを立体的に。種類は違っても、ハイカットのものだけを置くことで、統一感を出している。*05 シーズンごとのテーマは、エントランス脇のショーウインドウでアピール。*06 缶バッジは、あえて雑然と箱に入れてバラエティ感を出す。木箱や下に敷いた布など、細部にまでヴィンテージな質感にこだわっている。*07 パンツのディスプレイに使用しているのは、アメリカの軍用担架。

04

05

02

06

07

*message from the manager

ショップマネージャーからのメッセージ

「やりたい！」と思ったら、
まずやってみること。
そしてあきらめずに
やり続けることで、
必ず先が見えてきます。

SHOP HISTORY

オープンまでの歩み

2001年
古着の卸業を営んでいたオーナーが、知人のツテで現在の場所に「JUMPIN' JAP FLASH」をオープン。

2002年夏
スタイリストのアシスタントをしていた多田さんが、知り合いの紹介でオーナーに出会い、入社。

2003年
店内ディスプレイに力を入れはじめる。月に1回さまざまなテーマを決めて、毎回レイアウトを大幅にチェンジ。

2005年春
大人の女性をターゲットにした系列店「H（アッシュ）」オープン。オーナーの自宅の一部を改装して、店舗に。

2005年
店内の大幅なレイアウト変更を、年2回に縮小。春・秋の各シーズンごとに行うようになる。

2006年8月
オリジナルブランド「ID daily wear」の立ち上げ準備スタート。多田さんを中心に、スタッフ全員で知恵を絞る日々が続く。

2007年1月
第一弾のアイテムとなるカットソー（3モデル）が完成。発売開始より、口コミで人気が広まる。

女の子の「リアルクローズ」を追求して生まれた、オリジナルとリメイクの服

きっかけは「こんな服が欲しい」というスタッフの声だった。
その思いに導かれ、メンズ古着のお店からレディースを扱うお店へ、
そして「リアルクローズ＋ひと花」をテーマに、オリジナルブランドが誕生した。
古着、オリジナルともに、今の気分を反映させた商品を展開し、
多くのファンを獲得している。

古着 ✖ オリジナル

*shop data

flower

フラワー

「今、着たいもの」をコンセプトに、レディース古着、オリジナルブランド、インポート雑貨などを展開。2008年3月に神南店、原宿店に次ぎ、名古屋パルコ店がオープンする。

flower神南店
住所／東京都渋谷区神南1-3-10 神南アールビルB1F
TEL／03-5489-1603
営業時間／11:30～20:00
定休日／無休
http://www.flower-shibuya.com/

ディテールにまでこだわった乙女心をくすぐるオリジナルアイテム

01** 3色のボタン使いが可愛い「Sweet & cotton top」（11,800円）。02** 「Spring hood JKT」（19,800円）。流行のアウトドアアイテムを、女の子らしくふわっとしたシルエットに。中には取り外し可能なボアベストが。***03** シフォン素材の「Planet All IN ONE」（18,800円）には、共布でフリルをプラス。***04** 「Holiday wear」（14,800円）は、ボトム部分がショートパンツになっている。チロリアンテープやレースなど、ディテールにも可愛い工夫が。***05** 胸元の切り替えやガーゼコットンの素材感が女の子らしい「Clean one piece」（12,800円）。***06** ストレッチデニムの「Wide leg denim pants」（13,800円）は、08年春夏のテーマ「70's」に合わせ、ベルボトムに。

「古着の価値」に固執せず「可愛い」と感じるものを

東京・渋谷区の「ｆｌｏｗｅｒ」は、レディース古着の販売に加え、オリジナルブランドの展開にも力を入れる。その2本柱はテキスタイルの選択からデザインまでを考案するオリジナルと、メンズのミリタリーコートを女性向けにリサイズするなど、古着をアレンジし今の流行の要素を加えたリメイクだ。

「私たちスタッフが『今着たい！』と感じるものを発信しています」と、ショップマネージャーの小田真寿美さんがいうように、古着も、自分たちが「可愛い」と感じればヴィンテージも最近のものも同じように店頭に並ぶ。こだわりは大切だが、お店が生き残るためには時代を取り入れる柔軟性が必要だという。

「大人の女性の少女の部分を引き出すような温かみ」のある洋服・雑貨などを展開し、独自の世界観を確立する同店だが、１９９３年のオープン当初はメンズの古着を中心に扱っていた。当時はフラッグ柄や星柄が大ブレイクしたアメカジ全盛の時代。同店のコンセプトも「アメリカン・ポップ」だった。

社員に女性が増えてくるにつれて、徐々にレディースのラインアップが増えた。流行に合わせた服が欲しいという意見が出、日常のシーンで着こなせる服、「リアルクローズ」を意識したお店へと移行していった。そして、「古着だけではなく、自分たちで着たいものをつくりたい」という思いから現在のオリジナルブランドが生まれたのだ。

試行錯誤を重ねオリジナルが完成

企画が立ち上がったのは98年。Ｔシャツやカットソーなどのシンプルなものからスタートした。当初は、製作をアメリカの業者に依頼していたが、縫製の技術に劣るのが悩みの種だった。「もっと質のいいものを」と探した結果、韓国に良質な生産工

流行を知るため、常に次期コレクションをチェックするという小田さん。そのなかから可愛らしくアレンジできるものを選び出す。スタッフミーティングでは、雑誌の切り抜きで構成した資料を配布し、イメージの共有をはかっている。

流行に敏感な女性に応えつつ、可愛らしさにこだわっています。

場が豊富にあるという情報を得た。

「韓国大使館に電話をして、10社ほど紹介してもらいました。すべての会社に連絡を取って実際に現地まで会いに行き、そのなかで相性の良い業者さんにお願いすることに」

縫製の質の向上に加えて、試行錯誤を繰り返すことでスタッフの意識や経験値も高まり、次第にアイテムの種類が増えていった。

00年には本格的にオリジナルブランドの展開を開始。デザイン画を元に、小田さんを中心にショップスタッフが意見を交換して最終的なかたちを決め、業者に発注している。生地やボタンなどは、「こういう質感のものが欲しい」などと伝えて探してもらうほか、ときにはデザイナー自身が韓国に渡り、生地市場で探したり、現地スタッフに指示することもあるとか。

販売スタッフが買い付けも担当

また、同店では、販売スタッフが古着の買い付けも行っている。毎月、5〜6人のスタッフが本社のあるロサンゼルスを拠点に、手分けしてさまざまなショップやフリーマーケットを巡る。

現地では基本的に1人で行動するため、場合によってはヒヤリとする場面に遭遇することもあるが、日本語で会話する相手がいないぶん、アメリカの文化や風土を濃く感じることができ世界が広がるのが魅力だ。ディスプレイで使用する小物や、新しく仕入れるブランドもこのときに見つけてくるという。見るものや、感じるものをお店づくりに生かせる楽しさがあるのだ。

「『リアルクローズ、プラスひと花』というのがお店のコンセプト。さりげないディテールへのこだわりだったり、ディスプレイによる雰囲気づくりであったり。必ずどこかに華やかさを加えています。さまざまな部分で自分たちのやりたいことを表現して、お客さまも自分たちも楽しめる服をつくっていきたいです」

01

focus on the shop
お店のディスプレイをCHECK!!

*01 内装は森をイメージし、人工の樹木を配置している。*02 神南店のエントランスには、スタッフがペイントした椅子が。*03 新品の海外ブランドも、可愛らしさやディテールへのこだわりが共有できれば仕入れる。*04 木の枝をハンガーラックにし、ハギレやリボンを結んでロープに。雪の結晶のモチーフニットなど、ディスプレイに使うアイテムも買い付けの際に購入する。*05 原宿店には、ファイヤーキングを集めた小部屋も。*06 冷たい印象になりがちな液晶モニターの枠を、ハギレで飾って素朴な雰囲気に。07年からはじめたカタログの、モデルを使用したファッション雑誌のようなイメージ写真が映し出される。*07 アンティークの椅子やキッチン用の棚などで、プライベート・ルームのような演出。

07

02

03

04

05

06

*message from the manager
ショップマネージャーからのメッセージ

洋服以外にも興味をもち、
多くを吸収することが大切。
行動力と探求心で、
自分の世界をどんどん
広げていきましょう。

SHOP HISTORY
現在までの歩み

1993年
ロサンゼルスで古着の卸売会社を経営していたオーナーが現在の場所に「flower」をオープン。開店時はメンズのアメカジをメインに扱っていた。

1998年
女性スタッフから「自分たちが着たいものをお店に並べたい」という声が上がり、次第にお店に並ぶレディース古着の割合が増加。さらにオリジナルブランドも立ち上がる。デザイナーを雇用し、アメリカの縫製工場でオリジナルを製作。少しずつお店で販売しはじめる。

2000年
縫製の技術が高い韓国の工場と契約し、本格的にオリジナルブランド展開をスタート。また、お店のホームページも開設する。渋谷区神宮前に、原宿店をオープン。比較的人通りの多い立地にあるため、神南店よりもやや価格が高めの商品構成となっている。

2002年
ホームページのコンテンツのひとつとして、ネットショップをスタートする。

2008年3月
3店舗目となる名古屋パルコ店がオープン。

古着
×
コラボ

企業や他店とのコラボレーションで、古着屋の世界を広げる

アメカジ専門の有名店が、実験の場として立ち上げたお店。
古着をコーディネイトに取り入れる提案をいち早く行うなど、
それまでの概念を打ち壊す試みを次々と行ってきた。
とくにナイキとのコラボレーション出店はファッション業界の注目を集めることに。
古着屋全体の可能性を押し広げる、リーダー的な存在だ。

業界を驚かせたナイキとのコラボ

2006年9月から約4カ月間、原宿に期間限定でオープンした「NIKE HERITAGE by BERBERJIN®」は、古着ファンのみならず、ファッション業界の注目の的となった。ナイキといえば、スポーツブランドの最たるメーカー。同社が古着も併売するオフィシャルのコラボレートショップをオープンさせるのは世界初の試みだった。

同年6月に発表されていたナイキの原点回帰プロジェクトと、古着と

*shop data
BERBERJIN®
ベルベルジンアール

ユニークな品ぞろえと「ロックスターが住む廃墟」というユニークなコンセプトで人気のお店。企業や他店、アーティストなど、さまざまな相手とのコラボレーションが話題に。

住所／東京都渋谷区神宮前3-21-22　いとうビル 1F
TEL／03-5414-3190
営業時間／11:00～20:00
定休日／無休
http://www.berberjin.com/

古着も新品も、コラボアイテムも。ボーダーレスな品ぞろえ。

01** 「LABRAT」Tシャツ（8,400円）。Tシャツに、独自のプリントを施してある。LABRATは、06年9月に、お店のエクスクルーシブ・ブランドとして誕生した。02** 古着カーディガン（10,290円）。穴やほつれといったダメージで、プレッピー・スタイルを崩す。***03** 07年冬に大流行した、スキニーパンツの火付け役、Dr. Denimのヒョウ柄パンツ（10,290円）。***04** 「Youth Records」オリジナルのパーカ（10,500円）。細身で鮮やかな発色は、古着にはない。***05** 古着にステンシルプリントを施したスウェット（16,590円）。***06** デニムパンツ（20,790円）。細身が流行しているとき、あえてワイドパンツをはくのもおしゃれ。

いうコンセプトが合致したことに加え、「プロジェクトの担当者と、うちの代表が古くからの友人だったというのも縁になりました」と、プレス担当の的場良平さん。同店には、すでにラングラーやリーといったメーカーとのコラボレーションジーンズを成功させた実績もあり、そのことがナイキ社内で企画を通りやすくした。

扱う商品はナイキの復刻アイテムと「BERBERJINⓇ」が買い付けたナイキ製の古着に限定。内外装に古びた加工やナイキのロゴをペイントし、「ナイキマニアが占拠した、工場の廃墟」という空間コンセプトのお店が誕生した。

Ⓡのマークに込められた無限の可能性

もともとアメカジの専門店として99年にオープンしていた「berberjin」が、2号店を出店したのは04年。ヴィンテージやスタイルにはこだわらず、流行を取り入れた店として差別化を図るため、店名にⓇを付け加えた。

「商標登録の記号を加えたことで、お店自体が1号店のブランド、という位置づけになりました」

すでにアメカジの品ぞろえで有名なお店自体のコンセプトを変えてしまうのは危険。ならばネームバリューを利用して、ブランド化してしまえばいい、という発想だ。

東京・原宿は、流行に敏感な人やお店が集まる街。その場所で5年間営業を続けて得た、他店とのネットワークやトレンドに対する知識を活用する場として生まれた店名なのだ。

「実験の場」で行われる新しい試みの数々

2号店では、まず「古着＋NEW」というコンセプトを打ち出した。当時流行の兆しがあった古着と新品の洋服をMIXする着こなしは、ファッション誌にも次々と取り上げられた。

古着屋が新品を扱う場合、仕入れ

「NIKE HERITAGE by BERBERJIN®」オープン当時の写真。オープン初日には100人を超える行列ができた。内装に古びた加工を施した店内には、新品も含め、1,000円代の古着のTシャツから13万円の70年代のデッドストックのスニーカーまで、すべてがナイキ一色に。地下は通常営業を行っていた。

古着屋と企業のコラボは、ちょっとしたニュースでした。

るブランドの選択が決め手になる。同店ではスウェーデンの「Dr．DENIM」や、フランスの「ヘルズベルズ」といった、国内ではめずらしく、古着との組み合わせにも適したブランドを扱う。他店にはないラインアップに、「あのブランドのものが欲しい」というお客さまも集まってくるのだ。

さらなる実験の場として、3号店がオープンしたのは06年9月。「ロックミュージシャンが、すべてを捨て去り旅に出て、行き着いた先が田舎町の廃墟。フリーマーケットなど、いたるところで見つけたものをリメイクし、その場で売っていた」という架空のストーリーをベースに、ジャンク感の強い内装にした。

このとき階段の裏面にイラストを描いたアーティストと同店ディレクターの会話がきっかけとなり、プライベート・ブランド「LABRAT」が誕生した。そのTシャツのプリントは手刷りで、その後さらにペインティングすることもあるというユニークなもの。雑誌でも取り上げられるなど話題になり、現在では全国30店舗に卸している。

ナイキとのコラボが終了した直後の07年2月から約1年間は、原宿の人気古着屋「Linco」ともコラボレーションショップを営業した。これも古着屋同士という異色の組み合わせだが、それぞれの顧客を惹き付けるという相乗効果が得られた。

そして現在、古書のネットショップ「ビジュアリスティック」が、60年代から現在のものまで、お店の雰囲気に合う写真集などをセレクトして販売している。これは、本が好きな的場さんのアイデアからはじまった小さなコラボレーション。スタッフの提案を取り入れる柔軟性も持ち合わせているのだ。

「Ⓡの活動に制限はありません。今後もさまざまな形でコラボレーションは続けていくでしょうし、同じ店名で古着屋以外、たとえば古本屋を開く可能性だってあります」

01

02

focus on the shop

お店のディスプレイをCHECK!!

*01 ナイキとのコラボ終了後は、人気古着店とのコラボショップ「Linco by BERBERJINⓇ」を約１年間オープン。シューズやブーツの品ぞろえに強いLincoが、１階部分で営業していた。*02*03 試着室のドアは、ロックミュージシャンを意識して、全面にカセットテープを。ドアハンドルに磁気テープを巻きつける徹底ぶり。鏡張りの内部には、注射器を利用したシャンデリアがあり驚かされる。*04*07 廃墟をイメージしているため、有刺鉄線や壊れたアンティーク家具がディスプレイとして使用されている。*05 地下へと続くらせん階段の裏には、LABRATのデザイナーであるアーティスト、R.Muttのグラフティが。*06 新品と古着が約３：７の商品構成。独特の品ぞろえが人気。

03

04

07

05

06

*message from the staff

プレス担当者からのメッセージ

基本さえしっかりしていれば、
その後の展開は自由。
時代の流れを読んで、
柔軟に対応することが
古着屋には必要です。

SHOP HISTORY

コラボレーションの歩み

1999年
不動産事業のほか、飲食・アパレル店経営も展開する（株）フレッグインターナショナルが「ｂｅｒｊｉｎ」をオープン。

2004年
本店と差別化を図るため店名にⓇを付け、２号店「ＢＥＲＢＥＲＪＩＮⓇ」をオープン。

2006年9月
ナイキとのコラボレーション、「ＮＩＫＥＨＥＲＩＴＡＧＥ ｂｙ ＢＥＲＢＥＲＪＩＮⓇ」を３号店オープンと同時にはじめる。

2007年1月
ナイキとのコラボレーション終了。

2007年2月
３号店でＬｉｎｃｏとのコラボショップ「Ｌｉｎｃｏ ｂｙ ＢＥＲＢＥＲＪＩＮⓇ」をはじめる。

2007年5月
３号店の地下で古書のネットショップ、「ビジュアリスティック」とコラボレーションをはじめる。

可能性は無限！　古着屋から広がる夢

現在、新たな展開をしている有名店も、その歴史は10年程度。
あなたの開く古着屋は、10年後、どんなお店になっているだろうか。
古着が一般の人にも普段着として取り入れられるようになった今、
可能性は無限。夢や目標をもって、お店づくりをしていこう。

古着の良さを取り入れる

「JUMPIN' JAP FLASH」ショップマネージャー、多田さん

古着の希少価値ではなく、現在では失われつつある品質の良さや技術を評価する動きは高まっています。「JUMPIN' JAP FLASH」(84ページ)では、新しいブランドでアイテムづくりをする際、古着のディテールを参考にしました。次期コレクションの参考にするため、古着を探すデザイナーも増えています。古着を深く知ることで、新しいファッションを創り出す可能性は高まるのです。

新旧問わず、服が好き！

「flower」ショップマネージャー、小田さん

普段着に取り入れるアイテムとして、古着を着こなす若い人が増えています。「flower」(88ページ）ではさらに、流行そのものに合ったアイテムを選んで販売しています。野暮ったく見えるシルエットのものは現代風にリメイクしたり、自分たちが着たいブランドの服を仕入れたり、新たにつくったりしているうちに、現在の形態に。古着屋だと気付かないお客さまも多いそう。古着屋を、洋服店の一種と考えれば、このような展開も可能です。

どんな可能性にも「No」といわない

「BERBERJIN®」プレス、的場さん

古着屋を原点としながらも、まったく違う方向に展開するということも可能です。チャンスを逃さないようにしているのが「BERBERJIN®」(92ページ)。企業や他店、書店など、これまでの古着屋では考えられなかったコラボレーションを実現させています。新しい試みが次の機会へとつながる。お店自体のブランディングを成功させれば、カフェの運営といった、古着とは異なるジャンルへの参入も考えられます。

第4章

物件探しから仕入れ、輸入の知識まで

オープンをめざして準備をはじめよう

コンセプトが決定したら、営業場所の選定や商品の構成、
仕入れ先のルートづくりなどを決定し、
入念な下調べと準備をしていきましょう。
輸入品を扱う場合は書類の提出も必要です。
ここでの努力により今後の方向性も大きく
左右されるので、慎重に行動しましょう。

仕入れルートの開拓

売れる商品を、安定して仕入れるためのルートを確保する

古着屋の開業にあたってまず必要なのは、商品を用意すること。極端にいえば、商品さえあれば実店舗がなくてもネットショップの形態でお店を営むこともできる。まずは売れる商品を安定して仕入れられるか否かを自分で確かめることが大切だ。

安定した仕入れをめざすなら卸し問屋やディーラーへ

古着の仕入れルートは国内と海外の2つに大きく分かれます。初心者であれば、まず国内のフリーマーケットやネットオークションにアプローチしてみてもいいでしょう。

また、安定して商品を仕入れるためには卸し問屋やディーラーと契約するのが得策。知り合いを通じて紹介を受けるほか、ネットでも探し出せます。交渉では、自身にどれだけのキャリアがあり、どのような店舗コンセプトなのかを率直に相手に伝えること。最初は無理にかけひきせず、値引き交渉などはある程度の取引実績を積んでからのほうがいいでしょう。

品ぞろえにこだわるなら海外へ直接買い付けに

品ぞろえにこだわり、海外を訪ねて直接仕入れるケースも増えています。国内ではなかなか出回っていない掘り出し物に巡り合えるチャンスが広がり、また本場のファッションセンスを磨くうえでも有効です。

仕入れ先としては、現地のフリーマーケットに行くことがお勧め。地域によっても雰囲気や内容が違うので、いくつか回ってみるのがいいでしょう。また、スリフトショップや古着専門店などをひたすら巡り、仕入れ先を教えてもらうことも基本的なルート。ときには情報料として報酬（チップ）を渡すくらいの積極的な姿勢が必要です。

もちろん、それ相応の英語力（もしくは現地の言語力）は必要不可欠。通訳を雇ったり、語学が堪能な知り合いに同行してもらったりする方法もありますが、自身でもある程度の会話ができるくらいが理想的です。

＊仕入れペースと仕入れ量
仕入れる商品は不動在庫になるリスクがともなうため、「仕入れは一度の量を少なく、回数を多く」という姿勢が基本だ。毎月1カ月ぶんを仕入れるのが本来理想的だが、少なくともシーズンごとに年4回の仕入れを目安にしよう。
オープン時には店舗運営で忙しく、仕入れにまで手が回らなくなる。あるいはセールを行うことも想定し、3カ月ぶん程度の量を仕入れておく方法もある。

国内＆海外のおもな仕入れルート

安定的に、しかも十分な量を仕入れるためには、どんなルートがあるか、またそれぞれの特徴について知っておくことが重要だ。

国内

＊フリーマーケット

全国各地で大小さまざまに開催され、なかには業者の出店を認めているケースも。家庭の不要品が中心とはいえ、商品として十分に販売できるものから、小物やアンティークなど店内ディスプレイ用のグッズまで、いずれもお手ごろ価格なので安心だ。

＊point

値引き交渉をはじめ、出店者との会話が弾む点も人気のひとつ。同業者が出店することもあるので、親しくなれば情報交換や、人脈づくりも可能だ。

＊ネットオークション

不要品を「売りたい人」「買いたい人」をネット上で結びつけ、オークション形式で取引するのがネットオークション。仲介役はオークションサイトで、業者からの出品を認めているケースもある。フリーマーケットと同じ感覚で商品を入手できるが、人気商品は価格が競り上がりやすいため注意が必要。

＊point

外国語に自信があれば、海外のオークションサイトへアクセスして参加することも可能。ただし決済や商品発送などで日本への対応が可能かどうか、事前に確認すること。

＊卸し問屋・ディーラー

業務用に商品卸しを行う問屋やディーラーは、最も安心・確実なルート。ネット上で検索すれば簡単に見つけられる。業者によって商品アイテムの得意・不得意があり、また、必ずしも欲しい商品ばかりを仕入れられるわけではないが、なかには開業サポートを行っているところもある。情報交換も含め、頼れる存在だ。

＊point

海外からの輸入を手がける業者もあり、直接買い付けに行けない場合に利用するといいだろう。輸入手続きなども業者が行うので手間が省ける。

海外

＊フリーマーケット

ヨーロッパやアメリカはフリーマーケットが盛ん。国内だけでなく海外のフリマも視野に入れておきたい。代表的なものは次のとおり。

【欧米の代表的なフリーマーケット】

■クリニャンクール（フランス）／パリの北に位置するクリニャンクールという町で開催される、日本でいうところの「蚤の市」。

■ポートベロー（イギリス）／ロンドン西部のノッティングヒルという町で開催されるロンドン最大のフリマ。

■ローズボール（アメリカ）／ロサンゼルスのローズボール球場で開催される。

＊卸し問屋・ディーラー

アメリカにはラグハウスと呼ばれる、日本の卸し問屋のような業者がある。慈善団体などが集めたり、寄付された古着が中心だ。大量の商品をベール（ビニール袋などの覆い）に包み、ベールごと取引されることからベール古着とも呼ばれる。

買い付け後にベールを開けるまで中身を確認できないのが難点だが、格安で多くの商品を仕入れられるコストパフォーマンスは魅力。

一方のディーラーは、ラグハウスほど安くはないが、商品を確認したうえで買い付けられるメリットがある。

＊スリフトショップ

日本のリサイクルショップや古着屋にあたるのがアメリカのスリフトショップ。仕入れ価格としてはフリーマーケットや卸業者に比べてやや高めだが、1点1点の商品を吟味して試着したうえで購入できる点が大きなメリット。

単なる客ではなく業者として仕入れ交渉をすれば値引きしてもらえることも。また情報料として報酬を支払い、卸し問屋やディーラーなど現地での仕入れルートを紹介してもらえることもある。

実践的アドバイス #02

海外で古着を仕入れる バイヤーの日記を拝見！

自分の納得できる古着を仕入れるには、自ら海外に行き商品を探し出すのが一番。

現地のバイヤーに任せるよりも、安くてコンセプトに相応しいものを集めることができる。

古着 PICK Onlineの代表・斎藤次紀さんの「古着バイヤー日記」を参考にしよう。

アメリカで買い付け　FLIGHT TO USA

①早朝からフリーマーケットをめざす
アメリカに到着した翌日、朝からフリーマーケットに向かう。仕入れは時間との勝負で、どれだけ良い古着を集められるかがポイント。まとめ買いすれば、交渉次第でディスカウントに応じてくれることも。

②午後はライブ会場へ
野外のライブ会場へ。古着ではないが、日本では買えないライブ限定のレアなTシャツを入手できる。

③古着屋巡り
古着屋を数件回る。街で偶然入ったお店でレアなアイテムに巡り合えることも。何回か通って店主と顔見知りになっておくと、良い商品を優先的に売ってもらえることがある。

協力：古着 PICK Online　URL／http://www.pick.co.jp/

フランスで買い付け　FLIGHT TO FRANCE

④フランスに到着
アメリカから空路でフランスへ。近くのショップを見て回ったり、地元のバイヤーと会い、情報交換などをする。

⑤古着屋へ
ファッションの街、パリはデザインの優れた古着が多い。内装やディスプレイも個性的で、ぜひ参考にしたいところ。

⑥流行ショップ巡り
パリのショップで流行っているデザインを参考にすれば、古着を選ぶ際の手がかりとなる。古着を参考にデザインしている服があれば、その元となった古着を探してみるのもよい。

⑦古着倉庫へ
膨大な量の古着のなかから日本に持ち帰る古着を自分のセンスで探す。倉庫に行けば、だいたい丸１日は古着を探す作業となる。

ヨーロッパではぜひ蚤の市に行こう！

in Italy

in Paris

ヨーロッパの都市でよく開かれている蚤の市。古着を中心にしているものや主に雑貨、骨董品を中心にしているものなどさまざまだ。実際に足を運んで自分の目で欲しいものがあるかを確かめよう。思わぬ掘り出し物があることも!?

輸入ビジネスに必要な知識

賢い経営者は知っている！輸入ビジネスに必要な知識を身に付ける

古着屋を運営していくうえで知っておかなければいけないのが、輸入ビジネスにおける基本的な知識やルールだ。とくに古着屋は、仕入れで外国へ出向くことも多い。関税の仕組みや、安全かつ、賢い輸送方法なども知っておくべきだろう。

「禁止」と「規制」の違いをしっかりチェック！

古着屋の多くが商品を外国から仕入れていますが、お店を経営していくうえで、輸入に関するルールや知識をよく理解しておく必要があります。

まず輸入禁止なのが、偽ブランド品、外国為替及び外国貿易法で規制されているワシントン条約の対象となる動植物やその製品。禁止されてはいませんが、食器や乳幼児用玩具は輸入が規制されており、「食品等輸入届出書」が必要です。ものによっては検査などの手続きに料金が発生したり、送料などのコストがかかることも念頭に置かなければいけません。革靴、毛皮コートや毛皮製敷物などは、関税が高いことを覚えておくといいでしょう。

時間＆料金を兼ね備えた輸送方法を見極める

仕入れた商品の輸送方法も、より効率的なものを選びたいもの。船便は時間がかかりすぎるため、通常は航空便を利用します。

ただし、東南アジアなどの場合、1週間程度で届く船便を使うのも手です。コンテナ輸送の利点は、コンテナ内への積み荷が自分でできること。業者に委託する発送では壊れてしまいやすい、繊細なデザインのランプなどを仕入れることも可能です。

ちなみに飛行機内には手荷物扱いで20キロまで持ち込むことが可能。本当に大事な商品であれば、迷わず我が身を使いましょう。また、初心者には不安な、インボイスと輸入申告書の記入方法も押さえておきたいところです（120ページを参照）。

＊直接費用
目的に対して発生する最終費用で、明確に把握することができる費用のこと。単に原材料や人件費として含まれる費用項目のみに限定されないもので、その特定の調達契約のために発生したと判別できる費用すべてが、直接費用として計上される。

輸送方法とコストの基礎知識

仕入れた商品を海外から輸送するとき、小口輸入の場合は大きく分けて、「国際郵便小包」「国際宅配便」「貨物便」の３つの方法がある。さらに、郵便局が扱う国際郵便小包には、「船便」「航空便」「ＥＭＳ（国際スピード郵便）」がある。

	船便	航空便	ＥＭＳ（国際スピード郵便）
特徴	・重量は国によって異なるが30キロまで、梱包した荷物のもっとも長い辺が1.5メートル以内。 ・ドア toドアの直送可能。	・重量は国によって異なるが30キロまで、梱包した荷物のもっとも長い辺が1.5メートル以内。 ・普通便（Air Parcel Post）とエコノミーエア（SAL）がある。	・ヨーロッパからの輸送日数が１～２週間（航空便の普通便で約３週間）と期間を短縮できる。 ・速達扱いのため、個々の荷物に整理番号がある。
長所	・小型、軽量で、輸送期間に余裕があるときは、輸送量も安いのでお勧め。	・普通便（Air Parcel Post）とエコノミーエア（SAL）、２つの選択肢がある。	・とにかく速いので、セールやクリスマスなどの季節に応じた商戦用商品の輸送に向いている。 ・整理番号がついているので、荷物の移動状況を確認できる。
短所	・大がかりな荷物は、重量や大きさで制限される。 ・ヨーロッパで約２カ月、アメリカで約1.5カ月と、輸送日数がかかる。	・船便より、料金が少々高め。	・料金が高い。

通関の流れチャート

＊航空便の場合

輸出者からインボイス送付
◀
航空会社からの到着案内が届く
◀
Air Waybill（AWB）・D／Oを取りに行く
（航空会社）
◀
税関に必要書類を提出する
・輸入申告書
・インボイス
・AWB
・保険料明細書
・印鑑
・その他（特恵関税原産地証明書、他省庁で取得した許可・承認書など）
（税関手続き）
◀◀◀◀
関税・消費税の納付
◀
関税・消費税領収書を提示し、輸入申告書に「輸入許可」印をもらう
（税関による審査・検査）
◀
輸入許可書とD／Oを提示し、保管料を支払い、搬出許可証をもらい貨物を引き取る

仕入れはコスト計算をしながら

海外の買い付けで必要なのは、交渉術でも語学力でもなく、商品の仕入れ値を決める判断力だ。また、買い付けにかかる直接費用を頭に入れておくことも重要。ここで、仕入れに費用を当てる際のポイントを挙げてみよう。

・予算内で、上限はいくらまで直接費用に配分できるか
・直接費用のうち、Aランク、またBランク商品はいくらまでか
・仕入れに必要なそのほかの費用は、どのくらい配分できるか

目安としては、これらに渡航費用など（場合によっては通訳費用も）含めて考えると、予算の60％程度を買い付け値、そのほかの費用を35～40％程度にするのがベストといえる。

もうひとつ、考えなければいけないのが、日本で販売する際の上代（小売価格）をいくらに設定するかということ。前述した買い付け価格と輸送費、関税などの輸入諸費用に加え国内での販売諸経費も考えて、海外での買い付け価格の約4～5倍に設定した上代が採算圏内となる。つまり、6000円（仕入れ値）ならば、日本で販売するときには、25000～30000円の価格で設定することになる。

仕入れ値

売り上げ目標や経費を考慮した仕入れ値の判断が大事

「仕入れについてはわかったけれど、そもそも商品をいくらで仕入れればいいの？」と疑問を抱く人も多いはず。たしかに、どんなに商品が売れても「儲け＝利益」がなければ意味がない。そこで、利益を上げるための価格設定も考慮したうえでの仕入れ値が重要な要素となってくるのだ。

利益を上げるための相場観を養うこと

仕入れ値の判断基準において必要なのは、その商品の適正な販売価格を知ったうえで、利益を上げるための価格設定を行うことです。たとえば「1万5000円以上で売れそうだから、仕入れ値が5000円ならば最低でも1万円は儲かる」、あるいは「このジーンズは1万円以上では高すぎて誰も買わないだろうから、仕入れ値が5000円ならば儲けは最大で5000円程度」といった感覚です。

したがって、仕入れ値の感覚をつかむためには、まず売り値の相場観を養うこと。どんなアイテムが、いくらで売れているかを市場調査します。ヴィンテージものやレアものは価格変動することも多いので、市場価格を敏感に察知するようにしましょう。

あの手この手の値引き交渉術も活用

売り値の相場観を養えば、仕入先への値引き交渉にも利用できます。「このジーンズはそれほど高く売れないから仕入れ値を安くしてほしい」などと交渉すれば、受け入れてもらえる可能性もあります。

あるいは、海外仕入れのベール古着（99ページ参照）のように、大量仕入れによって1点あたりの仕入れ値を抑える方法も有効です。さらに、「定期的な仕入れ」のメリットを強調することも交渉の武器に。60万円の仕入れを半年に一度行うよりも、毎月10万円の仕入れのほうが、相手先にとって魅力に感じることもあるのです。

＊仕入れ値

左ページの図から計算すれば、月の売り上げ目標の金額の20％か、セールによる割引販売を考慮すればそれ以上の金額で仕入れを行うことが目安となる。

しかし、古着は一度消費されたものを再度流通させたもので、仕入れ品は1点ものがほとんど。仕入れたいと思う商品が多い月もあれば、その逆もあるだろう。その場合は、多い月と少ない月の全体でバランスを取る必要がある。

仕入れ値と原価、売り値の目安

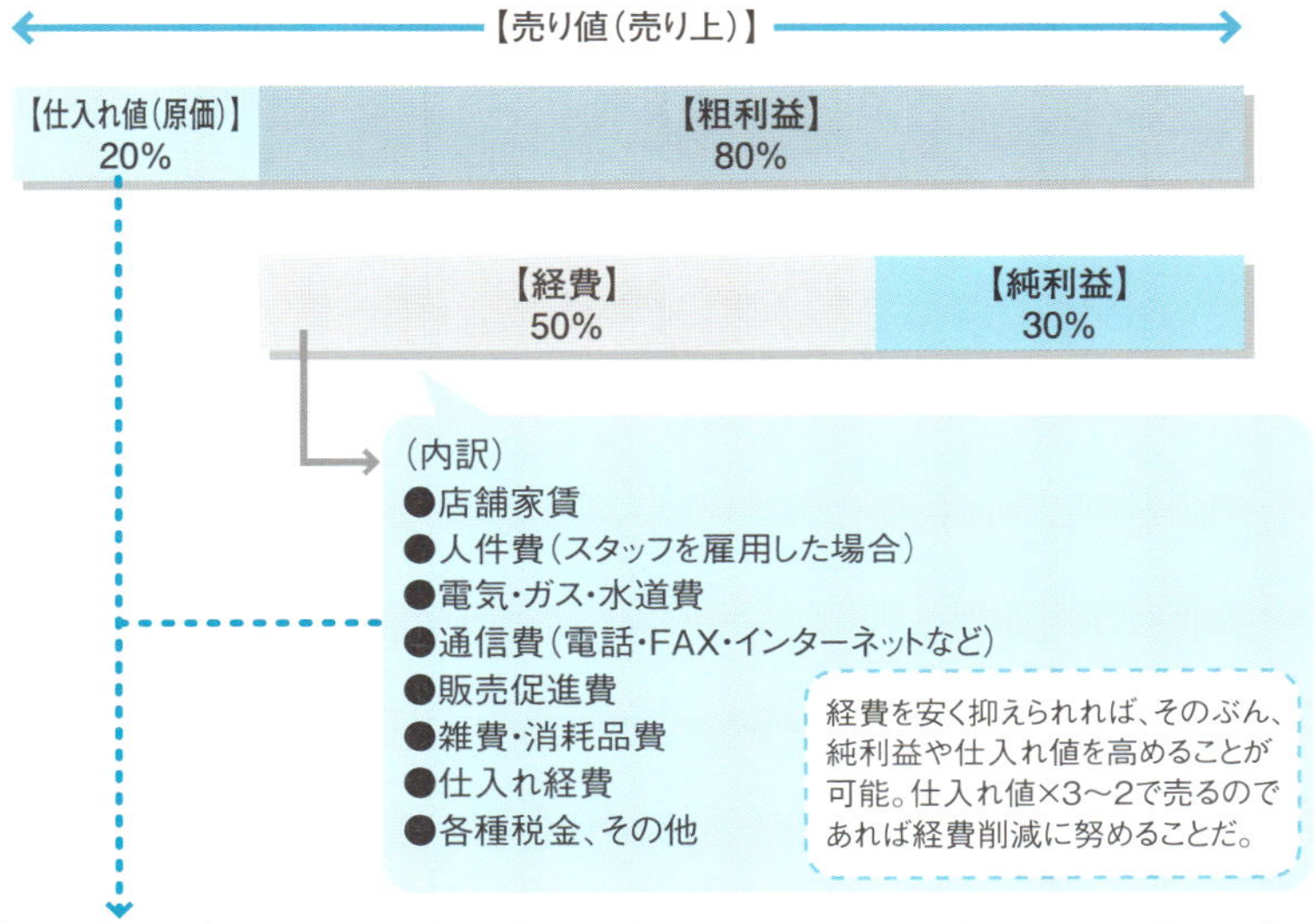
【売り値（売り上）】
【仕入れ値（原価）】
20%
【粗利益】
80%
【経費】
50%
【純利益】
30%
（内訳）
●店舗家賃
●人件費（スタッフを雇用した場合）
●電気・ガス・水道費
●通信費（電話・FAX・インターネットなど）
●販売促進費
●雑費・消耗品費
●仕入れ経費
●各種税金、その他
経費を安く抑えられれば、そのぶん、純利益や仕入れ値を高めることが可能。仕入れ値×3〜2で売るのであれば経費削減に努めることだ。

POINT

■仕入れ値は売り値の20%、つまり仕入れ値×5の金額で売れるかどうかで判断するのが目安。お客さまの関心を高め、集客に結びつく“目玉商品”として仕入れる狙いがあっても、最低でも仕入れ値の倍の金額を想定すること。

■売り値が高すぎてしまうと判断される場合には、仕入れ値の値引き交渉を行うか、赤字を覚悟するか、仕入れをあきらめるか……。

■仕入れにかかる経費（海外仕入れの場合は渡航費など）を判断に入れること。

■上記の判断を誤ると、売値が高すぎて売れないか、どんなに売れても利益が上がらないという最悪の状況に陥る可能性があるので要注意。

仕入れから販売までを帳簿でシミュレーション

月30日で5日間休み、25日間営業した場合を想定し、上図で仕入れから販売までをシミュレーションしてみよう。

仮にスタッフを1名20万円で雇うとし、家賃20万円、電気・ガス・水道費5万円、通信費3万円、販売促進費7万円、雑費・消耗品費ほか5万円なら ば経費は60万円。すると売り上げ（目標）は120万円で、純利益が36万円、仕入れ値が24万円という計算になる。

1日の売り上げ（目標）平均は4万8000円で、平均単価1着6000円ならば8着を売り上げるということ。つまり平均では、1200円で仕入れた商品を6000円で販売し、その数が200着を超えれば、その月の売り上げ目標を達成したことになるわけだ。

これはあくまで目安で、実際にはさらにさまざまな経費がかかるうえに売り上げ目標に達しないこともあるだろう。そのためこうした予測は多少増減するだろうが、事前にシミュレーションを行っておけば、仕入れのおおよその数字を把握できる。

実践的アドバイス #03

古着のチェックポイント&メンテナンス法

値付けの際のチェックポイントは？　ダメージはどこまで許されるの？
また、古着にはヴィンテージをはじめ、デリケートなものも多く、
メンテナンス法も知りたいところ。
古着店「honey高円寺店」の田中陽子さんと峰崎惇さんに聞いた。

流行・季節感・状態を考慮して値付けする

買い取り価格を判断するうえで、とくにポイントとなるのは、状態・季節感・機能性・今期の流行りものかどうかなど。ヴィンテージを別にして、着用感がなく新品に近い状態の服ほど、評価が高くなります。とくに新品で値札やブランドのタグ付きであれば、状態としてはベスト。

　また、目前に控えた季節に利用できる服は売れ行きが良いので、高めに買い取ります。オールシーズンで着回しできる服であるワンピースやブラウス、シャツなどは、とくに季節感を考慮せず、年間を通して安定した価格設定ができます。

　そのほか、試着室を設けていない古着屋では、形やサイズに幅があり、試着が必要とされるボトムより、トップのほうが売れる傾向に。倉庫にストックが溜まってきたら、ボトムの買い取りを控えめにするお店も多いようです。

＊高値が付けられる服の一例

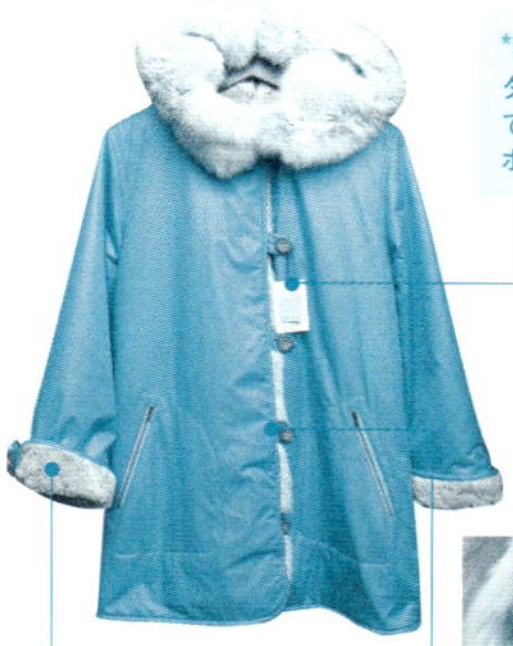

*POINT 1
タグ付きはひと目で新品とわかりポイントが高い。

*POINT 2
フェイクではなくリアルファーを使用しているので、買い取り価格も高くなる。

*POINT 3
裏地のファーはボタンで取り外し可能。機能性の良いものは好まれる。

*POINT 4
12月前半に買い取った、若い女性に人気のブランド「バナーバレット」のダウンコート。流行モノであり、ちょうどダウンの需要が伸びる季節だった。

ブランド品のデザインからヴィンテージの歴史まで

レディースの場合、ブランド名やデザイン、価格・色・形・素材など、何が流行しているのかつねにチェックを怠らず、雑誌やネット、道行く人の服装などにもアンテナを張っていることが必要です。

　高級ブランドなどは偽物を買い取らないように、あらゆるデザインを細部まで記憶し、本物に多く触れながら知識を蓄えるといいでしょう。アクセサリーやバッグなどを買い取るお店の場合はシリアルナンバーやギャランティカード（品質保証書）の有無も確認し、とくに厳しくチェック。

　ヴィンテージは、どこに価値を見いだすのかを考え、ルーツを探ることも大切。デザイン・価値・生産年のほか、そのブランドにまつわる文化や歴史、着こなしからリペア方法まで幅広い知識を身に付け、商品の「味」を理解することが大切です。

商品にならないジーンズに穴を空けて、どんな状態がヴィンテージならではの味わいに見えるのか確かめることも。

ダメージでもヴィンテージでは「味」になることも

ヴィンテージの場合は、基本的に「日常生活しているうえで自然に破れたと想定できるダメージ」であれば、評価が高くなります。たとえばジーンズのヒザの破れ、股周辺の「ヒゲ」が価値を高めることも多いのです。ただし、ヒザより下の位置にわざと空けたと思われる穴や、ジーンズ専用洗剤で手を加えて色落ちさせたもの、無謀な洗濯でわざと縮ませたものなど、意図的なダメージは価値が下がります。

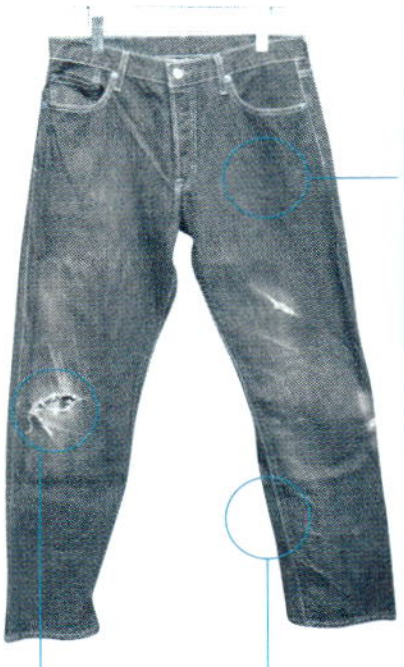

*POINT 1
中央のチャック部分から外側に向かって横に伸びる何本かの線が「ヒゲ」。

*POINT 2
ジーンズのステッチがはっきり見えているものほど評価が高い。

*POINT 3
自然な状態でできたヒザ部分の穴は商品価値を上げる。写真のように穴に糸が残っている場合は、さらに価値が高くなる。

シミ抜きをはじめ洗濯はデリケートに

ヴィンテージなどは洗濯により破損しやすいので、Tシャツ1枚でもネットに入れたり、シミが付いている場合は手もみ洗いをします。染み抜きは、アパレル専門の道具屋などで取り扱っているスプレーガンを使用。薬品に振動を与えることで、生地に薬品を染み込ませることができます。

また、買い取り時に服に付いているシミは、水溶性か油溶性か、または不溶性のものかを、見定められない場合も。その際は、まず油溶性のシミ抜き剤を利用しましょう。水溶性のシミ抜き剤を油汚れに付けると、繊維の奥まで油分を閉じ込めてしまい、その後、油溶性のシミ抜きを使っても、ますます取れにくくなってしまうからです。

ダメージはしっかり確認！修繕可能な服は引き取りを

重点的にチェックするのは、首回り、脇の下、袖口など。裏返してポケットに穴が空いていないかなども確認します。ワークウエアなどは裏側に血痕のシミが見つかることもあるので、念入りにチェック。

とくに女性はシミや汚れに対して敏感なので、レディースでダメージがあるものは商品になりません。ただし、デニムなどでステッチのほつれはダメージではありますが、簡単に修繕できるので、一般に引き取ることは少なくありません。

ミシンのモーターを換えてあるのでデニムも7～8枚重ねて縫える。

取材協力／honey高円寺店

住所／東京都杉並区高円寺南3-45-11-2
TEL／03-5306-0305
営業時間／11:00～20:00
定休日／不定休
URL／http://www.rakuten.co.jp/eco-styles-honey/

10～30代に人気のカジュアルブランドからマークジェイコブス、セレブブランドまで豊富な品ぞろえ。古着のほか、アクセサリーや靴、バッグなど幅広い商品展開が魅力。買い取りにも対応し、状態・枚数によっては宅配便や出張サービスも実施する。2003年で高円寺に開業し、05年新宿店をオープン。

立地の検討

候補となる場所の条件を確かめ立地を選定する

お店をどこでオープンするかは、これからお店をもつ人の悩みどころのひとつだ。立地次第では、来客数の増減にも大きく関わる。人通りはどのくらいか？　お店のコンセプトに合うか？　など、さまざまな点を考慮し、いろいろな場所を見てから決めよう。

周辺の情報を集めて立地を検討する

立地は売り上げや客足に関わる重要な要素のひとつです。いくつかの候補となる立地を検討するときには、まず足を運んで、時間帯別、曜日別の歩行者の年齢層や男女比、ファッション傾向などをチェックし、自分のつくるお店のコンセプトにマッチしているかを確認すること。

そのほかにも、周辺に同じようなコンセプトをもつ古着屋の件数や、そのお店の客層、来店客数などもチェックすべき項目です。

路面店であったり、近くに人が集まる施設があるなど、ある程度条件が整っていれば、駅から離れているといった多少の悪条件下でもお店をはじめることは可能です。住宅地であっても、ターゲットとなる客層が多く住んでいたり、駅からの人通りがあれば、集客を期待できます。

最高の立地ではなくても人気を呼ぶ可能性も

開業後に予想以上に良い立地だったことに気付くこともあります。「JUMP IN' JAP FLASH」（84ページ）では、中目黒の住宅地の近くにオープンしたところ、駅から住宅地への動線上だったため、当初から予想以上に帰宅途中の会社員が多く来店。営業を続けていくうちに女性客のニーズも高いことが判明し、近くにレディース専門店「H」（アッシュ）をオープンさせ、多くのお客さまを引き入れることに成功しています。

また、少しでも多くのお客さまに気付いてもらえるように人目につく場所に看板やトルソーなどを置いたり、お店のロゴやポスターを窓や壁に貼ったりして、お店の存在をアピールすることも立地条件をカバーするうえでは有効な手段になります。

＊古着の街に出店
高円寺や原宿のように同業者が多数いる「古着の街」に、あえて出店するという選択肢もある。
古着の街にやってくるお客さまは、いろいろなお店を見て回り、楽しみながら選んでいる人が多い。ここで成功するためには、まずお店に入ってもらうことが必要だ。そのためには、お客さまに「おや？」と興味を抱かせるようなお店づくりを工夫しよう。

立地を検討するときのチェックポイント

以下のポイントは最低限これだけは調査しておきたいポイントだ。
これらを参考に、開業場所を考えていこう。

＊人の流れ

駅からの人の動線や、どんな年齢層の人が多いのか、ファッションスタイルはどんな系統が多いのかなどを時間帯別、曜日別に確認。できれば、平日と休日の昼と夕方の人の流れは確認しておきたい。

＊ライバル店の様子

同業種のお店を確認しておくこと。どのようなコンセプトのお店があるか、人気店はどの年代の客層が多いのかなどを比較検討。また、自店と同じようなコンセプトのお店があれば、お客さまの入り具合もしっかり見ておこう。

＊他業種の様子

他業種のお店はどんな種類があるのかを確認。また、それらのお店から自分のお店に流れてきそうなお客さまはどれくらいいるのかを見る。お店の人に客層について聞いてみるのもいいだろう。

＊地域の情報

商圏内の世帯数や、年代別人口がどれくらいかなどを調査。また、ほかの街からどのくらい人が集まってくるか、近くに大学・短大・専門学校などはあるか、どんな会社があるのかなども調べる。

＊交通関係

歩行者通行量や自動車の交通量、最寄りの駅やバス停からの距離と、その間にどんなお店があるのかを確認。電車やバスの乗降客数や年齢層、男女比なども調べておきたい。

＊実際に歩いてみる

実際に歩いて、街の雰囲気をつかむのも大事。平日と休日に時間帯を変えたり、晴れの日や雨の日に何度か街に足を運んで、その場の様子を探っておくこと。実際に見てみると、予想より歩行者が多いなど新たな発見がある。

郊外でお店をはじめるときの注意点

郊外のお店では、車で来店するお客さまが多くなる傾向があるので、幹線道路に面している土地ほど駐車場の設置は必須になる。車に乗って複数人で来店したり、家族連れのお客さまも多くなってくるので、店内の通路の幅を並んで歩けるように広めにしたり、子どもの遊びスペースをつくるなどの工夫も必要になる。

また、ホームページを活用して、遠方の人にもお店の存在を知ってもらうことが大切。ここでしか買えない古着があることや、50年代のアメカジしか取り扱わないといった独自性のあるコンセプトなど、ほかのお店とは違った個性があるということを売りにして宣伝をすれば、遠くに住んでいるお客さまでも興味をもってお店に来店する。

逆に、近隣の住民をターゲットに絞ってスタンダードな古着を中心に売るのもひとつの手だ。地方の場合は、都内で人気のある個性の強い古着よりも、ヴィンテージジーンズやアメカジTシャツなどのような定番古着のほうが好まれる傾向がある。都内よりも人口が少ないぶん、幅広い年齢層のお客さまに来店してもらえるように、万人向けの古着を取り扱ったほうが無難ともいえる。

Vintage Store Style
古着屋の豆知識
part2

オール・アバウト 日本の古着激戦区！

渋谷、原宿、高円寺、大阪・堀江、名古屋・大須など、日本全国に散らばる古着街。それぞれの街で、これから古着屋を開業しようと考えている人たちは多い。ファッションライターとして活躍する大沢圭さんにそれぞれの街の特徴を聞いた。

札幌

“古着の王道”
アメリカものが豊富

中央区南三条付近に古着店が集中。ワークやアウトドアスタイルが中心となっている。また、値段はやや高めの設定。

新潟

昨今、古着屋が増化中

東京・町田で展開している人気古着屋「デザートスノー」が進出するなど、近年古着屋の出店が活発化。古町通りの一番町から六番町にかけて古着屋が集中している。

柏

「千葉の原宿」と呼ばれる街

03年ごろから古着屋が増え、現在では30店以上を数える。アメカジやストリート系など定番アイテムを中心に取り扱い、値段も手ごろなお店が多い。また、入手困難となっているデッドストックやレアなアイテムが見つかることも。

町田

リーズナブルな定番がそろう

最近、古着需要が高まってきている街。状態の良いヴィンテージものが多く、定番アイテムも数多くそろえられている。また、値段がリーズナブルなお店が多数ある。

*Profile
大沢圭さん
(おおさわ　けい)
メンズファッション誌やカルチャー誌を中心に幅広く活躍する人気ファッションライター。恋愛本も執筆する。

東京

渋谷

流行の最先端を行く

渋谷公園通り周辺に古着店が多数並んでいる。若者ファッションの発信地であり、10代後半〜20代前半に向けた古着が多い。個性的な品ぞろえをしている「MeMe's Park」が有名。

下北沢

おしゃれで小さなお店が点在

全国展開するようなチェーン店があまりなく、個人経営するお店が中心となっている。ヴィンテージものの古着はほとんどなく、60〜70年代のやや奇抜なデザインの古着が多い。

高円寺

日本最大の古着の街！

80年代の古着ブームの火付け役。家賃が安いこともあり、個人経営のお店を中心に、現在約200店の古着屋がある。60年代のアメカジしか扱わなかったり、ヨーロッパ古着のワンピースのみを扱うといった個性的なお店が目立つ。

原宿

多彩な古着を扱うショップ多数

竹下通りは中高生ぐらいの若者向けの古着屋が多く、表参道方面は比較的ターゲットの年齢層が高いお店が中心。また、ヴィンテージに強い傾向がある。

熊本

ヴィンテージものなら都会に負けない

近年古着屋の店舗数が増えてきている。とくにヴィンテージが多く売られている。東京では3〜4万円する商品を1万円程度で販売していることもある。

名古屋・大須

独自の文化を築きつつもトレンドに敏感

大須観音の門前町に広がるアーケード街を中心に、古着屋が集中。品ぞろえはやや派手な傾向がありつつ、トレンドにも敏感。車文化が発達している名古屋にあって、唯一といえる「歩ける街」。

福岡

幅広い年齢層に合わせた古着が多い

親不孝通りや警固を中心に古着店が立ち並ぶ。服の傾向は90年代前半頃の高円寺に似ており、ヴィンテージを中心に70〜80年代のアメリカ古着が多く販売されている。

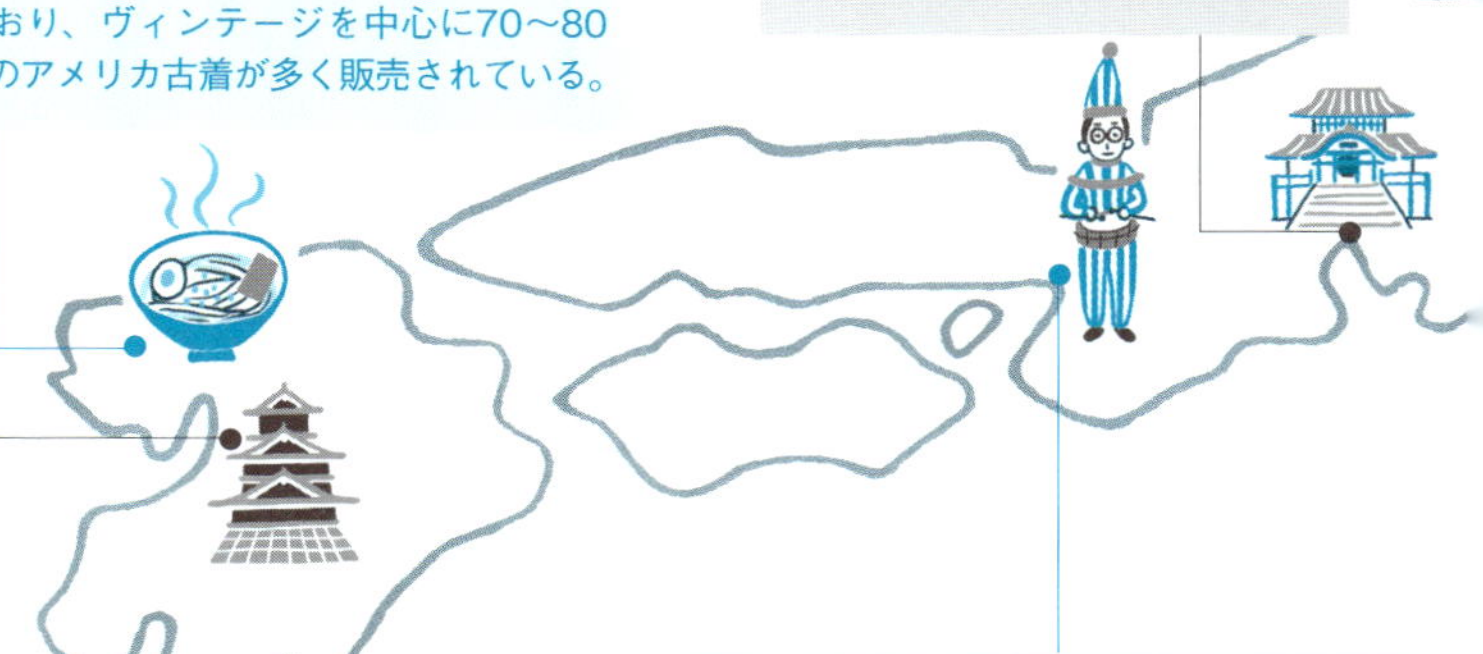

大阪

個性の強いアイテムを探すならこの街

80年代から現在まで、アメリカ村が古着の中心地だが、近年小規模店のオープンは堀江が目立つ。後者ではおしゃれなお店が多い。

物件探し

理想のお店にするための物件選びのコツ&ポイント

家賃や広さなどが理想的な物件は、なかなか見つからないものだ。良い物件はそれだけ多くの人の目にもつきやすく、早く契約が決まってしまう。だからといって、あせって決める必要はない。よく考え、自分で納得してから物件を決めよう。

好条件の物件でなくても工夫次第で成功できる

立地などの環境条件が良いところは人気があるため、家賃は高く、空き物件も少なくなります。そのなかで少しでも理想に近い物件を見つけるには、何を優先して、妥協するかを明確にしておくことが重要です。

たとえば、窓が必須だと思っていても、照明の付け方で解決できたり、売り場面積を広くとれなくても、ディスプレイを工夫すれば、狭くても十分やっていける場合もあります。「Oh la la」（56ページ）では、ディスプレイに階段を利用し、商品を効果的に配置。お客さまが階段を昇り降りしながら商品を選ぶ楽しさがあります。

あらかじめ不動産屋の営業マンにお店のイメージを伝えておけば、希望に沿った物件を探してくれるので、事前に複数の不動産屋にアナウンスしておくこと。

居抜き物件を探してみよう

物件を探す際に、なるべく手を加えないですむような居抜き物件を中心に探してみるのも手です。

居抜き物件は、以前のテナントが使っていたカウンターや棚、空調設備などをそのまま使うことができるので、初期投資を抑えることが可能です。ただし、設備機器は正常に作動するかを確認すること。もし交換が必要であれば費用が高くなってしまうこともあるので注意が必要です。

また、海外買い付けを中心にしようとする場合、年数回の仕入れに限られることを考慮し、店の裏側などに大量の商品をストックするためのバックヤードとなる場所を確保することを忘れないよう注意しましょう。

***設備投資**
空調やカウンターなどを購入するときには、必ずしも新品を購入することはない。初期費用を抑えるためにも、中古品でそろえてもいい。
開業するには、まとまったお金が必要になってくるので、少しでも削減できるところは節約するのが賢明だ。

物件を選ぶ際にチェックするポイント

深く考えずに、見た目だけで物件を決めてしまうと、後悔しかねない。
チェックすべきところは、きちんとチェックをして物件を探そう。

＊スペース

売り場や在庫を保管しておくバックヤードとなる場所は十分な広さを確保できるか。また、売場面積がスタッフの数に比べて広すぎると、維持費や目を行き届かせるための余分なコストが必要になってくることも頭に入れておくこと。

＊雰囲気

物件や、周辺の建物を見て、自分のお店のコンセプトにあった雰囲気かを確認。特徴的なかたちの物件であれば、死角になる部分などがないかを確かめておく。

＊設備

電気や水道などのライフラインの位置や容量の確認。エアコンや換気扇などがあれば、その状態も確かめておくこと。また、什器を設置できるかどうかも調べておく。

＊立地場所

公共交通機関からの距離や、近くの大通りの交通量、物件は路面店かどうか、近辺にある競合店の数とそのお客さまの人数、歩行者の数や年齢層などを確認する。

＊保証金

保証金の額は、坪単位で計算したり、家賃の数カ月分だったりと地域によってまちまち。また、退去時にトラブルにならないよう、返却などについてもよく確認しておくこと。

＊家賃

家賃は交渉次第では、値引きしてもらえる。月々支払うものなので、少しの値引きでも長い目で見れば大きな差となる。値引きに応じてくれそうであれば、交渉してみる価値はある。

手付金を打って交渉権を得る

自分で良いと思った物件があれば、早めに手付金を打っておくことが重要だ。手付金の目安は家賃の約1カ月ぶんで、場合によっては予定外の出費になるかもしれないが、不動産屋との交渉権を得ることができる。保留にしておいて、他人に先を越されてからでは遅い。気に入った物件があれば早めに支払っておこう。

手付金は、基本的に戻ってはこないが、途中で妥協できない部分が出てきたら、手付金を惜しまず、必要経費だと割り切って次の物件を探しに行く覚悟が大切だ。

手付金を払い、本契約への交渉に入ったら、家賃や保証金の値下げ、家賃の発生を遅らせる交渉をする。

この家賃の発生を遅らせることはとくに重要で、あまり早い時期から払うとなると、開業までの間、かぎられた開業資金をさらに圧迫することに。そこで、内装工事がはじまるまでは待ってもらえるように交渉してみること。できれば家主と直接会い、交渉させてもらえるように不動産屋に頼んでみてもいい。

店内
レイアウト

売り上げをアップさせるための効果的なレイアウトの基本

古着を求める人を引きつけるには、どのようなレイアウトがいいのか？棚の位置、商品の陳列の仕方、店頭から奥に向かってのディスプレイなど、ささいな工夫次第で大きく売り上げに影響を及ぼす可能性が少なくない。自分のお店にとって最高のレイアウトを考えてみよう。

人気店になるための レイアウトをつくろう

お店にとって、店内レイアウトは商品の売れ行きや集客にも関わる重要な要素です。いかにしてお客さまを長く滞店させ、商品に興味をもってもらえるレイアウトにするかがポイントとなります。

そのためには、まず動線について考えなければなりません。動線とはお客さまが店内をどのように動くかを想定した〝道筋〟のことで、売り上げアップの重要な要素です。店内をくまなく見て回れるように動線を整えれば、それだけお客さまの目に触れる商品が増え、購入する可能性が高まります。

商品の配置は 特徴に合わせて

また、商品の配置をするときには各特性を考慮する必要があります。店頭にシーズンものの商品やコーディネイトしたトルソーを置いたり、値段が手ごろで手にしやすい小物やニット、ブラウスなどを飾ります。

こうすることによってお客さまを店頭付近に集め、通行人の目には活気があるように見え、はじめてでも入店に抵抗感がなくなります。店内では店頭から奥に進むにつれて値段が張る商品や良質のものを配置。お店の奥には高価な品物を置いておくと万引防止策にもなります。

商品を陳列するときに注意しておきたいことは商品の見やすさ。たとえば、壁際に商品を並べたときに見通しが悪いと、せっかくの商品が目に留まらずに素通りされてしまいます。ジャンルごとに配置して商品を探す手間を省くのも一手です。

広さにゆとりがあれば、椅子やソファを置いて休憩スペースなどをつくると、お客さまの滞店時間も長くなるでしょう。

＊フィッティングルーム
ファッションのお店である以上、フィッティングルームは必須。購入したあとから、サイズが合わないなどのクレームを受けてしまわないよう、最低でも1人ぶんはフィッティングルームを設け、購入前には試着することをお勧めしよう。

レイアウトのポイントをチェックしよう

以下のチェック事項はレイアウトを考えるうえで大切なポイントとなる。
すべてをクリアする必要はないが、お店づくりを行ううえでは、ぜひ頭に入れておきたい。

＊動線

- □ 店内をくまなく回遊できる動線がある
- □ 店頭にお客さまが集まるようにしている（店頭に売れ筋を置いてある　など）
- □ 通路は通りにくくない（同時に２人が並んで歩ける程度の幅はあるか　など）

＊探しやすさ

- □ お客さまの視界から外れている商品がない
- □ 商品を手に取りやすいように配置している
- □ 遠回りしなくても、目的の商品までたどり着ける（陳列棚の間にサブ通路をつくる　など）

＊防犯

- □ ミラーや監視カメラなどを設置している
- □ レジカウンターから店内を見渡せる
- □ 貴重な商品はショーケースに入っている

店頭にトルソーを置いたり、ドアを利用して商品を陳列し、お客さまの興味を引くように演出している（HELLO SUNLIGHT）。

＊商品の整理

- □ 商品はきれいに並んでいる
- □ 商品の魅力を上手に伝えている
- □ 商品を種類ごとに配置している

＊その他

- □ 休憩スペースがある
- □ フィッティングルームを設けている
- □ レイアウトはお店のコンセプトに合っている
- □ 目立つ場所にトルソーなどを置き視覚的に訴えている
- □ カウンター周りは整理されている
- □ 出入り口に圧迫感がない

お客さまが選びやすいよう、商品別に分類し、整然と陳列（mamimu's）。

万引きを未然に防ぐための対策は徹底的に

お店を経営するうえで、万引きにはとくに気をつけなければならない。レジカウンターから、店内を見渡せるようになっていればいいが、棚などで死角ができていると、そこで万引きが行われてしまうことがあるので注意。棚を動かすか、ミラーを設置するなど、対策をすること。

また、資金に余裕があればレジから離れた場所には、防犯カメラを設置するとよい。2～3万円する防犯カメラを何台も購入するのが厳しければ、本物の防犯カメラを1台用意し、残りは2000円前後のダミーの防犯カメラにしておいても十分効果は期待できる。希少価値の高い商品があれば、鍵つきのショーケースに入れて、レジの近くに配置しておくとよい。

なおレジが出入り口と離れていると、万引きの原因にもなりやすいので、できれば出入り口付近に設置したほうが得策だ。

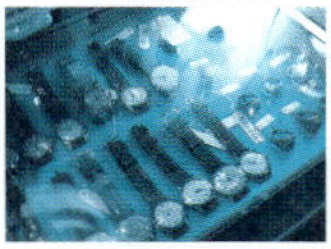

ショーカウンターに収められたアンティーク腕時計の数々（SHARK ATTACK）。

実践的アドバイス #04

店舗を有効利用した店内レイアウト実例集

お客さまが入りやすく、楽しく買い物をできるような
お店づくりをするためには、物件に合ったレイアウトが必須。
間取りの不便さや、狭さといったネガティブ要因も、
うまく利用すればお店の個性につなげることが可能だ。

民家の間取りをお店として使いやすく

一軒家を店舗にした「ALBERTO」（20ページ）。民家の奥まった玄関からではお客さまが入店しづらいことを考慮し、庭の部分にテラスをつくりました。壁の部分から天井まで、すべて光を通すため、開放的で明るいお店に。

また、行き止まりの壁に鏡を張って店内を広く見せる、押し入れも陳列スペースとして活用するなど、民家ならではの間取りを上手に活用しています。

入り口付近にカーブをつけ、お客さまを奥へと誘導

「JUMPIN' JAP FLASH」（84ページ）は、入り口から見て右奥が広いつくりになっています。お客さまを奥の売り場まで誘導するため、壁にカーブをつけることに。仕切りの裏側はバックヤードや事務室として利用しています。

細長いお店の手前部分にあえて作業スペースを

「mamimu's」（50ページ）では、ショーウインドウのすぐ後ろに、通常なら見えない部分につくる、作業スペースをあえて設けました。リメイクものを扱うお店では、実演販売のような効果が期待できます。

らせん階段の壁面も売り場として活用

「Oh là là」（56ページ）は、売り場として使える床面積が3坪程度と小さなお店。階段の途中にトルソーを置き、壁面も利用して商品を切れ目なく並べることで、連続した陳列スペースを確保することに成功しました。また、売り場をすべて見渡せる場所にレジカウンターを移動して、防犯対策をしています。

大きなソファで同伴者にも配慮

郊外ならではの広さを確保している「FUNKTIQUE」（26ページ）は、そのスペースに商品を多く詰め込まず、通路の幅を確保することに。カップルや子ども連れなど、幅広い客層が来店しやすいお店づくりをしました。フィッティングルームの前には大きなソファを。試着をしている間、同伴者が待ちやすいようにという配慮です。

見せるディスプレイと物量の多い売り場でメリハリを

お客さまがゆっくりと商品をながめられるディスプレイは、商品の豊富さとともに、魅力的なお店には重要な要素。「橘」（38ページ）では、陳列ケース内はゆったりとした間を取っています。そのほかの部分では、たとえばケースの上部などにも商品をならべ、お客さまが選ぶ楽しみを味わえる工夫も。

エントランスの小物使いでアットホームな演出を

「pashat-pashat antiques」（14ページ）のオーナー、ヨシダさんは「わたしのクローゼットに遊びに来て」という気持ちでお店づくりをしています。マンションの一室である店舗のエントランス部分には、刺繍の額縁や柔らかいニットなどでアットホームな雰囲気を演出。くつろいでお買い物されるお客さまが多いというのも納得です。

他店とシェアして豊富な品数をアピール

「ロックテイスト」を共通のコンセプトとして、新品を扱う他店と店舗をシェアしている「SHARK ATTACK」（32ページ）。あえて売り場に境界は設けず、お客さまにとってはさまざまな種類の商品を扱うお店という印象を与えています。シェアすることで、家賃が半分ですむのも大きな魅力です。

大きな壁を利用して絵のようなディスプレイに

「flower」（88ページ）の渋谷店では、大きな白い壁を利用して、商品をわざと平面的にディスプレイ。レース編みやスケート靴などの小物も同様に飾り、全体を一枚の絵のように仕上げています。

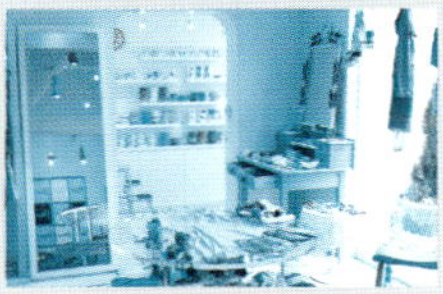

また、原宿店では、採光の良い窓近くには透明な棚やガラス食器の部屋を設け、店内奥には暖色の照明であたたかみのあるコーナーをつくるなど、売り場の区別もはっきりとさせています。

内装工事の発注

自作すればコスト削減が可能 個性を生かせるお店の内装づくり

お店の内装づくりは、夢の実現に一歩近づくための重要なステップだ。専門業者に全面的に任せるという方法もあるが、試行錯誤を繰り返しながらコンセプトを基に自作すれば、大幅なコスト削減が可能になる。お店のプランに合わせて検討しよう。

業者にコンセプトを伝え内装を依頼する

内装は、業者に依頼する方法と、自分で行う方法があります。前者の場合は、まずコンセプトを明確に伝えることが重要。コンセプトがあいまいなまま伝わってしまうと、思い描いていたものとは異なった仕上がりになってしまいます。

たとえば「FUNKTIQUE」（26ページ）では、海賊船というユニークなコンセプトを業者に伝え、床や棚をダークブラウンの木製で統一し、店内にシャンデリアや地球儀を配置してイメージ通りの仕上がりになりました。

内装とともにレイアウトやお客さまの動線などについては、専門的な意見を聞きながら、簡単な図面を書いてシミュレーションを行い、希望を伝えます。

内装を自作してこだわりのお店に

時間に余裕がある場合には、内装の自作に挑戦してみましょう。コストが抑えられるのが最大の魅力ですが、全体の統一感を意識すること。

まずは、壁・床の色や材質、そして店内に設置する什器について考えていきます。什器については、自分の理想とする古着屋に出向いて、じっくり観察してみましょう。一見、外注したように見えて自作の可能性もあります。

たとえば、「pashat-pashat antiques」（14ページ）で使用しているハンガーラックは、オーナーのヨシダさんが、ホームセンターで買ってきた鉄パイプと金具を組み合わせて制作したもの。市価の半額以下で、つくり付けのように見えるラックが完成。

また、アンティーク家具を棚として利用すれば、既成品にはない味わいを出すことが可能です。

＊ホームセンター
生活雑貨から電化製品、日用品などを販売する量販店。ジョイフル本田やカインズホームなどの大規模ホームセンターでは、必要な資材のサイズに合わせて切断などの加工も行ってくれるので、内装を自作するときには便利なお店だ。

専門業者に依頼する部分と、自作の可能性を考えてみよう

内装には専門業者だからこそできること、自作にこそ向いていることがある。
実際のお店の内装をよく比べてみよう。

業者に依頼して、コンセプトを統一

コンセプトを統一させる場合には、専門の業者に依頼するのが近道。「FUNKTIQUE」（26ページ）では、海賊船のイメージにするため、壁や床をこげ茶の木で統一。シャンデリアを４つ配し、蜀台やレリーフを飾るなど、細部にまでこだわった。

「mamimu's」（50ページ）では、内装からショップカードやホームページまでを、同じ業者に依頼。スタイリッシュな仕上がりを実現した。

業者にも一部依頼しつつ、できる部分は自作

改装したい部分を見極めて業者に発注し、できる部分は自作すれば、コストを抑えることができる。「ALBERTO」（20ページ）のオーナー、堀井さんは、業者には1階エントランス部分のテラスと、2階のレコード棚とＤＪブースの作成を依頼した。

ハンガーラックはほとんどが手づくり。木製の棒とワイヤーをホームセンターで購入し、自分で金具を取り付けて天井からさげている。

内装をすべて自作

塗装や配線まで自分で行えば、内装の経費はさらに抑えられる。「pashat-pashat antiques」（14ページ）のオーナー、ヨシダさんもそうした１人。本格的なハンガーラックも手づくりした。

「SHARK ATTACK」（32ページ）では、床に黄色のピータイルを敷き詰め、壁にはペパーミントグリーンのペンキを塗った。これをスタッフで行い、内装費は材料費のみに抑えた。

前テナントの内装を流用

物件探しの段階で、自分のイメージに合った内装を選ぶという手もある。「橘」（38ページ）のオーナー、榎本さんは、昭和の雰囲気がそのまま残る物件にひと目惚れし、手を加えずに利用することに決めた。

「HELLO SUNLIGHT」（44ページ）は、よく目立つ、エントランスの黄色いペイントを残した。内側の壁も白かったため、手を加えずに、什器のみを手づくりした。

アンティークや古材を生かして雰囲気の演出を

お店内装を自作する際、古着とマッチした雰囲気を演出するときには、アンティークや古い木材を使うケースが多い。

アンティークや古い木材を使用したインテリアは落ちついた色味や質感で古着と相性がよく、古着ならではの味わいを引き出すことができるだろう。

ただし、アンティークはよく磨き込んで清潔感があることが前提。いくら古着と相性が良くても、汚らしいものを使っていては、逆効果となる。つねに手入れを怠らずに、商品の魅力が引き立つよう管理しておき、雰囲気づくりに役立てよう。

（右）「flower」（88ページ）では、布を貼ったり、自分でデザイン。（下）「SHARK ATTACK」（32ページ）では、店内の照明などもすべてアンティーク（写真はランプ）。

輸入申告書の書き方

通関業者に手続きを依頼しないで自分で行う場合には、提出書類も作成しなくてはなりません。海外から貨物を輸入する際は税関に対して申告を行い、許可を受けることになります。そのときに必要なのが輸入申告書です。

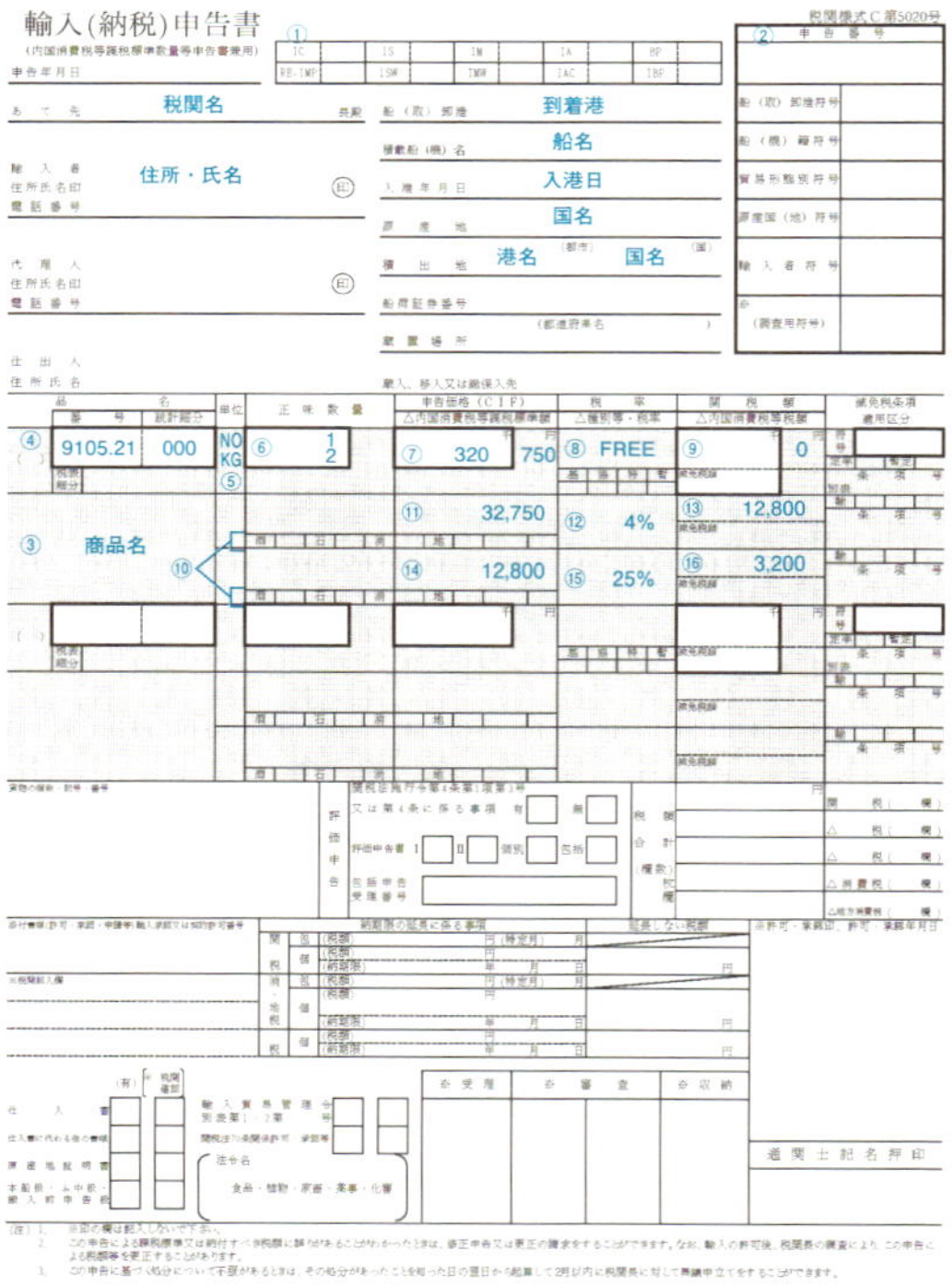

①通常の輸入の場合はICの枠内に×印を記入
②税関相談官または窓口の職員に確認して記入
③商品名（インボイスの商品名など）
④実行関税率表に基づき、申告する貨物に対応する番号をそれぞれの欄に記入
⑤実行関税率表に掲げられている統計単位を記入（2つの統計単位がある場合には、その双方）
⑥⑤の「単位」により表示される数量を記入。その貨物の全量が単位に達しない場合には、左側の白抜き部分に「0」を、単位未満の数値は右側の色刷り部分にそれぞれ記入
⑦CIF価格（輸入港到着価格＝輸入港までの運賃＋保険料込みの価格）を日本円で記入
⑧実行関税率表に基づき、その貨物に適用される税率を記入、区分に従って下の枠内に×印もしくは無税の場合はFREEと記入
⑨申告価格（1,000円未満切捨て）に税率を乗じたものを記入
⑩消費税、酒税などの内国消費税及び地方消費税が課される物品について、「適用法律区分」の枠内に×印を記入
⑪申告価格に関税額（100円未満切捨て）を加えた金額を記入
⑫内国消費税の税率を記入
⑬⑨と同様に計算し記入
⑭⑬に記入した消費税額から100円未満を切り捨てた金額を記入
⑮地方消費税の税率を記入
⑯⑭の金額に税率を乗じて得た金額を円単位まで記入

インボイスの書き方

インボイスとは自分で商品の通関手続きを行う場合に必要な書類のこと。書ききれないときは品名の総称、通貨、合計金額のみを記載して詳細はパッキングリスト（各梱包の内容量や重量、大きさなどを記載する明細書）を添付します。インボイスには定型がなく、右に示すような内容が記載されていればとくに問題はありません。

【作成に必要な事項】
- 輸出者の名前、住所
- インボイスナンバー（任意のナンバー）
- 発送方法、発送日、発送地、受取地
- 品名、数量、単価、小計、合計金額
- 送り主のサイン
- 運賃は着払い、保険はかけないもしくは日本でかけるのであれば、金額の横に、FOB ○○(←発送地の地名)と記載する

第5章
開業資金の計算と書類の準備

店舗開店の資金と申請書類

資金の計算や収支の計画なくしてはお店づくりはできません。
かぎられた予算内で経営プランを練って、
かかる費用についてもよく見直してみましょう。
資金が足りなければ、調達先をどうするかも考えなくてはなりません。
開業に必要な書類は、それぞれ提出する場所や期限が異なるので注意しましょう。

開業資金の内訳

ムダな出費を抑えて資金計画を綿密にしよう

お店の開業を考える際に頭を悩ませるのがお金のこと。
果たしてうまく運営していくことができるのか、不安も大きいはず。
開業時には何かと出費も多く、
開業資金についても綿密な検討と計画が必要となる。

他業種に比べて安く開業できるそれが古着屋の魅力

ほかの業種に比べ、開業資金を安く抑えられるのが古着屋の魅力でもあります。古着屋を開店する際には、左ページのような内訳で資金が必要になりますが、必要最低限度のもの、極端にいえば、店舗と看板、陳列棚、商品があれば誰でも気軽に開業できるわけです。

開業資金では、何にいくらかかり、どれだけ節約できるか、逆にどこにお金をかけるべきかを把握し、きちんと計画を立てることが必要になります。

開業資金を抑えるコツのひとつに、知り合いを頼るという方法もあります。直接の知り合いでなくても、ツテや人脈を積極的にたどると、不動産業者や内装業者、広告、印刷関係者などが見つかることも多々あるのです。たとえ間接的であっても「知り合い価格」の割安な金額の協力を得られるかもしれません。開業後の運転資金（124ページ参照）を現金で確保しつつ、節約した資金を仕入れにかける、お店づくりにお金をかけなかったぶんだけ接客サービスに力を入れるなど、お客さまを惹き付ける工夫が可能になるでしょう。

支払いロスを防ぐために契約日に注意しましょう

そのほかにも出費を抑える工夫として、家賃の支払いがあります。通常、家賃は、契約を交わした日から支払いが発生します。交渉次第では、できる限り開店日に近づけることも可能ですが、それでも内装・設備工事の開始日か、工事の下見の時点から支払うことになります。開店前の家賃支払いのロスを極力抑える計画と努力も必要です。

＊コスト削減のコツ

看板は自作して取り付け、内装はペンキを購入して壁・天井・床を自分で塗る。インテリアは廃品やリサイクル品を活用。なるべく改装費をかけないようにするためには、こうした努力をする必要がある。また、パソコンを使ってチラシを作成して手配りし、自分だけでお店を開けば、人件費もかからずにすむ。ただ、手づくり感いっぱいにしすぎると、安っぽいイメージになるので注意すること。

開業資金のおもな内訳

＊店舗取得費

物件を借りる場合、保証金、敷金・礼金、前家賃などが必要で、目安は家賃の10〜12カ月分。これらの一部を必要としない物件もあり、あるいは交渉次第で値引きできるケースもある。ほかに、不動産業者を通じて借りる場合は不動産仲介手数料として1カ月分程度を支払う。

＊備品・什器費

お店として最低限、必要になるのはレジ。あとは、掃除用具や消耗品などこまごまとしたもの。さらにお店で使用する陳列棚やハンガー、写し鏡、試着室用のカーテンや間仕切り、ショーケースなど。ほかには店内の雰囲気づくりもかねた、照明器具やインテリア調度品、装飾品といったものを用意することになる。これらにはいくらでもお金をかけられるが、中古品などで安くそろえれば数十万円程度ですむだろう。

＊内装・設備工事費

物件を借りたあとはまず、天井・床・壁だけの状態に戻し、そこから店舗へ仕上げていくことが基本。借りる時点の物件の状態がスケルトンのものもあるが、以前に使われていた状態（居抜き）で借りる場合は、以前の使われ方によって工事費は異なる。

以前が同業であれば理想的で、オフィスや本屋として使われていた場合でも、そのままの状態で利用できることもある。

一方、飲食店やヘアサロンのように古着屋としては不要な設備・備品がある場合は、それらを撤去・処分する必要があるので注意。

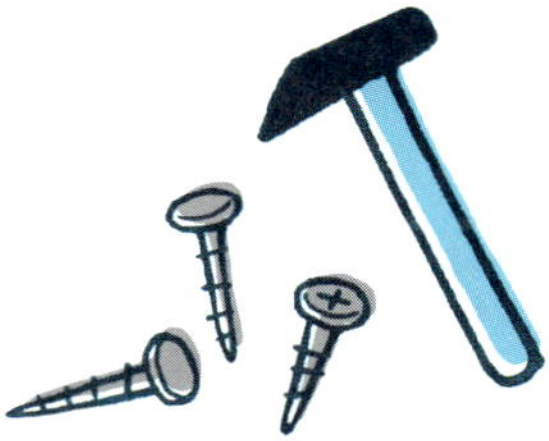

＊仕入れ費

仕入れ値は売り上げ（目標）や売値の20％が目安となる（104ページ参照）。あとは、売り上げをどのように見込むかで、仕入れに費やす予算は異なってくる。ただし、開店時にはオープンセールを開催するなど、多くの来客を見込むケースがあり、仕入れの量を多めにすることも肝心だ。とはいえ、多めに仕入れてもいっこうに売れないというリスクも考えられるので、多くて3カ月分程度が目安になるだろう。

＊そのほか

開店準備やオープン後にスタッフを雇う場合は、広告費と人件費が必要になる。ほかにも、開店告知の広告やチラシなどをはじめ、家賃と同様に電気・ガス・水道といった光熱費も開店前から支払いが発生する。

運転資金の内訳

お店が安定し、軌道に乗るまでの運転資金を準備しておこう

念願の古着屋を開店したのはいいけれど商品がなかなか売れず、手元にほとんどお金がなくなり閉店の危機に……。そんなリスクを未然に防ぐための対策が「運転資金の準備」だ。何にどれだけの資金を準備すればよいか、内訳を検討しておこう。

お店が軌道に乗るまでのつなぎ資金として

開業後に必要になるお金が運転資金です。オープンしてすぐに商品が売れるとはかぎらず、仮に売れたとしても、食べていけるだけの売り上げを得るまでに、ある程度の期間がかかってしまうケースはよくあります。そのほかにも開業後2～3年ほどは、営業しながら問題に気付くことが多いもの。ときにはトラブルで予想外の出費が求められることも。経営者としてはこうした事態も想定し、お店が安定して軌道に乗るまでの「つなぎ」として、運転資金を事前に準備しておく必要があるのです。

運転資金に当てる項目としてはまず、家賃や光熱費など、店舗を経営していくうえで毎月必要な経費があります。また、商品の仕入れに関わる費用や、海外への直接買い付けを行っていれば渡航費用などもプラスされます。

運転資金の確保は3～6カ月ぶんが理想

「なかなか商品が売れない」、「十分な売り上げを得られない」といった場合、売り上げアップに努めますが、結果が表れるのはおおむね1カ月後。失敗を繰り返し、自分なりのやり方を確立させるまでには3カ月はかかるかもしれません。「春物を買ったから次は夏物を買いに来よう」というように、お客さまがリピートするペースは3カ月に一度が目安。オープンしてから3～4カ月が過ぎたころにようやく、お店が軌道に乗ったかどうかの判断が可能になるのです。つまり、3～6カ月ぶんの運転資金を準備することが理想といえるでしょう。

＊運転資金を抑えるコツ
開業資金（122ページ参照）のうち、初期コストなどを抑えて運転資金に当てるほか、できるだけ早い時期に軌道にのせる努力が望ましいが、あとは具体的な方法として節約できそうな費用を割り出して経費削減するしかない。
あるいは思い切って店舗に住み込む方法も。自宅を引き払い、生活費を極力抑えるわけだ。実際、繁盛店の中にはこうした苦労をバネに成功したケースも多くみられる。

毎月の経理シミュレーションと理想の運転資金額

	項目	金額
固定費	店舗家賃	150,000
	光熱費（電気・ガス・水道）	50,000
	人件費（スタッフを雇う場合）	180,000
	保険費	30,000
	通信費（電話・FAX・インターネットなど）	30,000
固定費合計		440,000
変動費	仕入れ費	300,000
	販売促進費	30,000
	税金	30,000
	雑費・消耗品費	30,000
変動費合計		390,000
合計		**830,000**

店舗家賃＋光熱費＋保険費＋通信費 ＋ 人件費 ＝ 固定費（毎月の支払い）

＋

仕入れ費＋雑費・消耗品費＋税金＋販促費 ＝ 変動費（月により変動）

＝ **この合計3〜6カ月ぶんが運転資金の理想額となる**

かぎられた運転資金でやりくりする方法

運転資金はなるべく多く用意しておきたいところだが、あまり余裕がもてない場合、開業後にピンチに見舞われることもありえる。ここではその場合の資金確保の方法について、いくつか考えてみよう。

まずは、現金を得るための手っ取り早い手段といえるのが在庫を原価ギリギリの値段で割引セールで販売するという方法。これで当座の資金は得られる。

また、月の売り上げが思うように見込めず、費用を仕入れに回せないという場合は、在庫を同業者や仕入先などに販売（転売）し、換金するという方法がある。原価割れのロスは免れないが、多少なりとも現金化できるだろう。それを元手に新たな商品を仕入れることができるので、品ぞろえの充実感を得られる。仕入れの費用を抑えるという点では、橘（38ページ）のように廃業するお店に出向いてうまく交渉すれば、格安で仕入れが行えるという可能性もあるだろう。

どちらにせよ、資金や商品を一時的に補えたとしても、お店をよく見直し、何が原因かを見極めなくては、改善することもままならない。そして問題点を見つけたら解決に力を注いで、1日でも早くお店を軌道に乗せていく努力をしよう。

売り上げ分析

仕入れから販売まで細かく記録して売り上げ分析を徹底

品ぞろえや販売価格の設定、売れ残った商品などを在庫処分として割引セール品に回すタイミングなど、売り上げや利益を高めるためには冷静な判断を行い、経営者としての役割もこなさなければならない。そこで重要なのは商品とお金の動きを細かく把握する売り上げ分析だ。

仕入れから販売まで記録をこまめにとる

在庫管理も含め、仕入れから販売までの商品の流れを知ることが重要です（左ページを参照）。仕入れと販売の日付を明確化することで、長期間売れ残る不良在庫はもちろん、店頭に並べてすぐに売れる、確実に売れるという売れ筋商品も把握できます。また、仕入値に対してどの程度の販売金額であれば売れるかがわかり、その結果、売り上げもデータ化された数値でつかむことが可能となるのです。こまめに記録をすることが、売り上げ分析の第一歩といえます。

損益分岐点をはじめ売り上げ分析手法を学ぶ

仕入れ値と販売金額との比較をすることで、値下げする場合に利益の出るぎりぎりのラインを把握することにも結び付きます。

こうした「利益が出る、出ない」を毎月の売り上げ全体で示す指標のひとつが損益分岐点と呼ばれるもので、次の計算式で算出できます。

●固定費÷（1－変動費÷売り上げ高）
＝損益分岐点

固定費とは、店舗家賃や人件費のように毎月必ず支払う経費のこと。変動費とは、仕入れ費や光熱費、雑費など、支払額が月によって異なる経費のことをいいます。

たとえば1カ月の固定費が40万円で変動費が65万円、売り上げを１５０万円とした場合、

●40万円÷（1－65万円÷１５０万円）
＝約70万円

となり、月の売り上げが70万円を超えれば利益が発生することになります。

＊さまざまな分析手法

売り上げ分析の手法で「損益分岐点分析」とならび代表的なものが「ＡＢＣ分析」だ。これは重点分析とも呼ばれるが、商品を売り上げの高い順にＡ（主力商品）、Ｂ（準主力商品）、Ｃ（非主力商品）の３つに分類するもの。売り上げのほか、構成比率や利益といった視点からもＡＢＣ分析に取り組めば、有効な品ぞろえを実現できるだろう。

また、売り上げ分析ではないが在庫回転率や商品回転率も古着屋に役立つ指標だ。これはたとえばジーンズが仕入れから販売までにどの程度の期間がかかるかというもの。季節品以外を1年を通じて、どのタイミングで在庫処分セールに回すかの目安として生かせる。

売り上げ記録の作成事例

商品名	仕入月日	販売月日	仕入金額	販売金額	差引金額	仕入比	備考
【メンズ】							
01.ジーンズA	6月15日	6月23日	1,100円	5,900円	4,800円	18.6%	
02.ジーンズB	6月15日	7月2日	1,500円	4,900円	3,400円	30.6%	20%off販売
03.ヴィンテージジーンズ	6月15日	8月18日	6,200円	12,900円	6,700円	48.0%	
04.デニムシャツA	6月15日		900円	3,150円	2,250円	28.5%	30%off売残
05.USAカラーTシャツ	6月15日	7月5日	1,200円	7,900円	6,700円	15.1%	
06.デニムシャツB	7月19日		1,200円	6,000円	4,800円	20.0%	定価売残
07.アーミーシャツ	7月19日	7月26日	1,900円	9,500円	7,600円	20.0%	
【レディース】							
08.花柄ワンピース	6月15日	7月4日	1,000円	6,900円	5,900円	14.4%	
09.無地白ワンピース	6月15日	7月23日	1,200円	4,500円	3,300円	26.6%	20%off販売
10.白スカート	6月15日	7月4日	1,700円	7,400円	5,700円	22.9%	
11.デニムスカート	6月15日		1,200円	4,200円	3,000円	28.5%	30%off売残
12.無地グレーワンピース	7月19日	8月18日	1,900円	7,900円	6,000円	24.0%	

売り上げを100とした場合、仕入れ原価が20%で経費は50%、残りの30%が純利益という目安だ（104ページ参照）。これにしたがうと上図の仕入比（販売金額に占める仕入金額の割合）から、各商品の利益への貢献度がわかる。たとえば商品07は仕入比が20%で先述の目安どおりの結果。一方の商品05は仕入比が15.1%で利益に大きく貢献。また、メンズ・レディスともにデニム系の売れ行きが悪いことなどもわかる。上記はあくまでも事例だが、こうして売り上げ記録をきちんと作成し、分析すれば、仕入れ、販売戦略を立てやすくなるはずだ。

定期的に棚卸を行い在庫管理を徹底する

全商品の仕入れから販売までを記録した売り上げ記録からは、売れずに残った商品が在庫として見て取れる。こうした記録に誤りがないか在庫を実際にチェックするのが棚卸だ。記録と実際の在庫に違いがあれば記録に誤りがあるということになる。そのまま決算してしまうと、税務申告などを適正に行えなくなるため、定期的に棚卸をすることでこうした事態を未然に防ぎたい。

棚卸のペースは理想的には月1回だが、古着屋の場合は取り扱う商品の数が多く、手間と時間がかかることからおろそかになりがち。そんなときは、季節品の入れ替えに合わせて春夏秋冬の年4回か、半年に1回のペースでも十分だろう。定期的に仕入れを行う場合は、合わせて行えば効率的。こうした卸作業も重要な在庫管理の一貫となる。

実践的アドバイス #05

売り上げ分析で、売れ筋商品の把握やお店の改善を！

売り上げ分析は、PDCAサイクル＝計画（Plan）→実行（Do）→検証（Check）→修正・再実行（Action）で分析したあとに、売れ筋商品を把握するほか、お店の改善に努めていくことが古着屋で成功するための重要な要素である。

売り上げ分析を徹底してさまざまなロスを防ぐ

古着屋開業コンサルタントの(株)ブレーンバスター・佐々木健さんは、「古着屋である前に洋服屋として、小売業者として当たり前のことを当たり前にやるのが大事」だと強調します。陳列棚や倉庫の整理整頓、店内の清掃、お客さまへのあいさつはもちろんのこと、とくに重要なのは売り上げ分析。つまりビジネスとしての視点です。佐々木さんは、さまざまな古着屋のコンサルティングを通じて次のような傾向を指摘します。

「たとえばあるお店で、商品Aが売れているからとAの売り場面積を広げ、Aの追加注文をしたのですが、売り上げデータをきちんと分析してみると商品Bのほうがよく売れていた、つまりAが売れていたのは感覚的なものだったのです。これは商品Bの売る機会をロスしてしまうほか、在庫の多くを商品Aで占めてしまう在庫ロス、商品Aの保管に手間やコストがかかってしまう保管ロスなど、いろいろな面から多くのロスを生んでしまうことになります」

また次の事例も挙げます。

「売り上げ1位の商品Cが実は、利益の貢献度から見ると、商品順位が下から数えたほうが早かったというケースもあります。仮に商品Cと比べて何倍も利益率の高い商品Dがあった場合、商品Cに費やしていた手間やコストを商品Dに回していれば、お店全体の利益は上がるはず。売り上げが高いにもかかわらず利益が低いということは、効率にロスがあるといえます」

PDCAサイクルで店舗運営の各所を改善

明確な数値データをもとにした売り上げ分析により、「売り上げの高い売れ筋商品」「利益率の高い商品」など、ロスのない理想的な品ぞろえが実現できます。これは、

●Plan（計画）／事業計画（売上・利益計画、仕入計画、資金計画）
●Do（実行）／販売（販売日報・月報、売筋管理）
●Check（検証）／数値分析（月次実績、月次在庫把握）
●Action（修正・再実行）／計画修正、改善、修正計画実行

という「PDCAサイクル」の流れにより、チェックを行います。

「ほかにも接客スタイルや販促の方法、看板やお店の内外装、商品の陳列方法などをいろいろと試して、その結果で改善点を探り、修正を加えるといった繰り返しがお店を運営していくうえでは重要です」

ブレーンバスターのコンサルティング事例

原宿

「古着ファッションの発信地・原宿は今日のベストが明日はベストではなくなる流れの速い街なので、お客さまに新鮮なイメージをもってもらえるように日々、何かを変えています」。コンサルタントをはじめたあとも写真のように、コーディネイト例を店内でお客さまに提案するなど「実験（工夫）」を繰り返している。

before

「freegia（フリージア）」
（東京都・原宿）

after

群馬

リニューアルオープンをプロデュースすることになり、ターゲットの客層とマッチするようお店の雰囲気や、商品構成を検討し直し、売り上げ増をめざすことに。そこで「年齢層の高いお客さまにも対応できるように、ブティック感覚のお店にしました」

before

「feerique（フェリーク）」
（群馬県・高崎市）

after

山梨

オーナーはヨーロッパの商品を扱ったコーナーをつくりたいと考えていたが、店内は倉庫のように殺風景。そこでコンサルティングの際にお店づくりから、まずは「ほかの商材との差別化を一番に考え、内装、什器、ディスプレイ、演出などを高貴な雰囲気に仕上げました」

before

「Thrift Shop
古着屋」
（山梨県・西桂町）

after

株式会社ブレーンバスター
東京都府中市府中町1-27-1
パークロード202
TEL･FAX／042-365-5333
http://www.b-b-select.com/
info@b-b-select.com

開店コンサルティング料金の目安は、1～2カ月で約15万円（経費別）。アドバイスやお手伝いのほか、商品や什器の卸も行う。また、オープン後の運営コンサルティングやリニューアルのプロデュースも受け付けている。

資金調達

融資は計画性をもって利用 助成金制度も検討してみよう

自己資金だけでは、開業資金がどうしても足りない！
銀行から融資を受けるには、実績が不足している……。
そんなときは、国民生活金融公庫の融資制度や、
ハローワークが窓口の助成金を検討してみよう。

自己資金の不足分は公的機関の融資を利用

お店をオープンするためには、現実的にどれくらいの資金がかかるのか、事前に計画を立てることが大切です。とくに開業時には、トラブルが発生するなど、急な出費も考えられます。

コストを削減してムダを減らすことは、今後の運営に際しても重要なことですが、ぎりぎりの資金でやりくりするのは難しいもの。ムダな部分は省きつつ、店舗や商品のこだわりは保てるよう、バランスを取ることが大切です。どうしても自己資金が不足する場合は、金融機関のほかに、国民生活金融公庫の融資を受ける方法があります。なかには、担保や保証人を必要としないものも。返済期間や、利率、利用条件を確認しましょう。

また、国民生活金融公庫のほかにも、都道府県や市町村などの地方自治体で融資制度を設けている場合もあります。開業する地域での情報収集なども行い、自分に合うものを選びましょう。

開業をサポートしてくれる助成金制度も活用しよう

そのほか起業者向けの助成金を利用するというのもひとつの方法です。雇用保険の被保険者であった期間が5年以上あるなど、一定の条件を満たしている必要がありますが、育児をしている女性を対象とした「子育て女性起業支援助成金」といったものもあるので、いろいろ検討してみるとよいでしょう。

実施している窓口や資格条件、限度額なども違うので、まずは情報収集すること。会社などを退職して起業する場合は、ハローワークが窓口になっている助成金制度の利用も可能です。

＊ハローワークが窓口の助成金制度
ハローワークが行っている「受給資格者創業支援助成金」は、会社を退職もしくは失業後、雇用保険の受給期間中起業する場合に申請すれば助成金が支給されるというもの。開業後3カ月以内に支払った経費の3分の1を助成。

＊子育て女性起業支援助成金
12歳以下の子供と同居し、一定の地域に居住している女性が、起業した場合に助成を受けられるのが「子育て女性起業支援助成金」です。開業後3カ月以内に支払った経費の3分の1を助成。

国民生活金融公庫のおもな開業資金融資制度

開業資金の融資には、さまざまな条件がある。
自分が融資対象として当てはまるもののうち、もっとも有利な条件や金利のものを探そう。

	融資対象	使用用途	融資限度額	返済期間(うち据置期間)	担保・保証人
新規開業資金	新たに事業をはじめる人(勤続年数が6年以上で、現在勤務している企業と同じ業種の事業をはじめるなど、詳細条件については要問い合わせ)	設備資金	設備資金7,200万円以内(うち運転資金4,800万円以内)	15年以内(3年以内)	要
		運転資金		5〜7年以内(6カ月〜1年以内)	
新創業融資制度	新たに事業をはじめる人で、開業資金の3分の1の自己資金を確認できる人(勤務経験や、雇用創出を伴う事業であるなど、詳細条件は要問い合わせ)	設備資金	1,000万円以内	5年以内(6カ月以内)	不要
		運転資金		7年以内(6カ月以内)	
女性、若者／シニア起業家資金	女性、30歳未満、もしくは55歳以上で新規事業をはじめる人	設備資金	設備資金7,200万円以内(うち運転資金4,800万円以内)	15年以内(2年以内)	要
		運転資金		5〜7年以内(1年以内)	

※融資対象、利率などについての詳細は国民生活金融公庫のホームページを参照してください。http://www.kokukin.go.jp/

国民生活金融公庫の融資の相談・申し込み〜返済

＊01
最寄りの支店を探して相談しよう
全国に支店をもつ国民生活金融公庫から、最寄りの支店に問い合わせ、窓口へ足を運ぶ。利率や返済期間などを相談し、申込書、開業計画書などを受け取る。

＊02
申し込み
借入申込書、開業計画書などを準備。開業計画書には、開業の動機や、開業後の見通しとして売上高や経費などを記入する欄もある。

国民生活金融公庫のホームページからの申し込みも可能。その場合、添付書類は別途提出。

＊03
面談を受ける
開業計画書を基にした面談をする。資料が必要な場合もあるので事前に確認すること。お店のコンセプトやセールスポイントなど熱意をもってアピールしよう。

＊04
融資決定
審査に通ったら、必要書類が届く。手続き終了後、融資金が銀行口座に振り込まれる。

＊05
計画的に返済する
元金均等返済や元利金等返済など、事前に決定した金利のプランに沿って返済をしよう。月払いでの返済が多い。

「自己資金」の範囲って？

自己資金とは、現金や有価証券など現金化できる資産のこと。土地や建物などを所有していれば、売却しないかぎり「担保」として扱われ、金融機関からの融資を受けやすくなるというメリットがある。

　また親や親族から資金の援助を受けたり、借りたりする場合、もらったお金は自己資金となるが、金額が110万円以上になると贈与税がかかるということも頭に入れておくこと。家族だからと返済せずにいた場合も贈与とみなされ、税金が課せられることもあるので注意が必要だ。

　身内から借り入れする際は、借用書や振込み証明書などの書類をきちんと整理して、保管することも大切。

　こうしたことは面倒に思い、つい後回しになりがちだが、後にトラブルが発生した場合のためにも、重要な作業といえる。

開業手続き

「古物商」の申請や開業届けとは？必要な書類や手続きを確認しよう

お店のビジョンが見えてきたら、実際の手続きをしよう。
手続きや申請する書類によって提出する場所も異なる。
どんなものがあるのか、窓口はどこなのか、1つひとつ整理していくことが近道だ。

お店を開業するには「古物商」の免許が必要

古物とは「一度使用された物品や、新品でも使用のために取り引きされた物品、及びこれらのものに幾分かの手入れ（物の本来の性質、用途に変化を及ぼさないかたちで、修理などを行うこと）をした物品」を指し、美術品、写真機、金券、書籍など、13品目に分類されています。古着もそのなかの「衣類」に分類され、古物を売買する際に必要な「古物商」の免許を取得しなければなりません。

まずその際に必要なことは、営業場所を管轄している公安委員会からの許可を得ることです。なお、次の項目に該当する人は、許可を受けられません。

・成年被後見人、被保佐人または破産者で復権を得ない者
・禁錮以上の刑、または特定の犯罪により罰金の刑に処せられ、5年を経過しない者
・住居の定まらない者
・古物営業の許可を取り消されてから、5年を経過しない者
・営業に関して成年者と同一の能力を有しない未成年者

許可申請する際には事前に書類の準備が必要

申請をする場所は、営業を行う場所を管轄している警察署の防犯課、または生活安全担当課になります。ここで必要になる身分証明書とは、パスポートや免許証などの一般的なものではなく、市区町村長が発行する「成年被後見人・被保佐人等」に該当しないことを証明したものです。必ず、申請者の本籍にある区役所など、市区町村役場で発行してもらいましょう。また、警察署によって違いますが、申請してから許可が下りるまでは40

＊古物台帳
古物商の認可後、警察署に標識（プレート）とともに持参するのが古物台帳だ。発行は古物防犯組合事務局で行っているが、警察から古物商標識の発行を委託された一般の商店であることが多い。地域によって値段はさまざまで、無料の場合もある。古物台帳の購入は強制ではなく、ひな形をもらい、自分でパソコンを使用して作成したものでも可能。保管義務の3年間は、すぐに印刷ができるようファイルをバックアップしておけばOKだ。

～60日ほど。遅すぎる場合は電話で確認を。

そのほかにも税務署や役場で各書類の届け出を忘れずに

個人で事業をはじめる際には、開業から1カ月以内に税務署への開業届けも必要です。また、家族を従業員として雇う場合は「青色事業専従者給与に関する届出書」、従業員を雇う場合は「給与支払事務所等の開設の届出書」を提出。それぞれ期日も異なるのでよく確認しましょう。

個人・法人ともにスタッフを5人以上雇用する場合は社会保険の加入が必要になります。とくに法人では、採用日から10日以内に労働災害補償保険（労災保険）の加入手続きを行わなければならないので注意。

古物商の許可申請に必要なもの

<table>
<tr><th colspan="3">個人の場合</th></tr>
<tr><th>必要な書類</th><th>申請する場所</th><th>そのほかに必要なもの</th></tr>
<tr><td>住民票★
身分証明書★</td><td>市区町村　※申請者の本籍所在地</td><td rowspan="3">申請手数料　1万9,000円
印鑑
賃貸契約書の写し
※営業店舗が賃貸の場合</td></tr>
<tr><td>登記事項証明書★</td><td>東京法務局</td></tr>
<tr><td>誓約書
略歴書</td><td>営業場所を管轄する警察署</td></tr>
<tr><th colspan="3">法人の場合</th></tr>
<tr><td colspan="3">個人と同じ書類（監査役を含めた役員全員と管理者全員のものを各1通ずつ）と、「登記簿謄本」「定款の写し」も、各1通ずつ必要になる。
手数料は個人同様に、1万9,000円。</td></tr>
</table>

★申請する本人と営業所の管理者全員のものを各1通ずつ
※各書類の用紙は、警視庁のホームページからダウンロードすることも可能。
警視庁（「古物商」許可申請手続き）　http://www.keishicho.metro.tokyo.jp/tetuzuki/kobutu/kobutu.htm

古物商の許可申請から認可までの流れ

＊01
営業店舗を管轄する警察署に行き、申請書類をもらう。行く前に、電話で担当者がいるかを確認。

▶

＊02
住民票などを用意し、申請書に添付して警察署に提出。必要があれば警察署が店舗の実地調査を行う。

▶

＊03
審査にはだいたい40～60日ほどかかる。認可の連絡がきたら、申請内容の確認をしに、警察署へ。

▶

＊04
古物防犯組合事務局（通常は一般の古物店など）で標識と古物台帳を購入。地域によっては組合への加入料と年会費が必要。

▶

＊05
標識と古物台帳を警察署に持っていき、標識に交付番号を記入してもらう。古物商許可証が発行され、手続きは完了。

税務署に提出する書類と期日（個人の場合）

提出する書類	提出期日
●個人事業の開廃業等届出書 新たに個人で事業をはじめる場合に届け出。	開業1カ月以内に提出。
●所得税の青色申告承認申請書 青色申告の承認を受ける場合の届け出。税制上の優遇措置を受けることができる。	開業2カ月以内に提出。
●所得税のたな卸資産の評価方法の届出書 年度末の決済時の在庫商品についての届け出。	開業した年の確定申告期限3月15日までに提出。
●所得税の減価償却資産の償却方法の届出書 固定資産の費用を、耐用年数に割り当てて分配するための届け出。	開業した年の確定申告期限3月15日までに提出。

Vintage Store Style
古着屋の豆知識
part3

これだけは知っておきたい！古着&リメイク用語リスト

古着屋をはじめるには、古着が好きなことはもちろん、マニアにだって負けない知識が必要。ヴィンテージを見分けるポイントや、リメイクの基本用語を覚えて、仕入れやリメイクの際の参考にしよう。

リメイク用語

穴あけパンチ

ベルトなど、穴を開けるだけでなく、模様やパーツづくりにも使える。革や布などに使えて、穴の大きさを変えられるものが便利。

カットオフ

既製品の裾や袖をカットすること。切りっぱなしにすることで、アンバランスにほつれた糸が、ワイルドな感じを演出。

スタッズ

生地をはさんで打ち付けるだけでなく、爪を折って付けるタイプもある「鋲」。ベルトなどの革製品と組み合わせるとハードな印象に。

ステンシル

テンプレートを使って、スタンプのように模様を付ける技法。塗料や生地の素材、洗いのかけ方によっても独自の風合いを出せる。

タイダイ染め

生地を絞りながら、染料で染める技法。絞りの強さや生地の素材によって、味のあるムラ染めが楽しめる。

タタキ

穴が開いたジーンズを修繕する技法。裏地をあてた上からミシンで何度も縫い付けるので、縫い目のユーズド感が出る。

ダメージ加工

穴を開けてパンク風にしたり、傷や脱色で使い込んだ感じに加工すること。ヤスリや、リッパーなどを使って度合いを調整する。

ハギレ

布の一部をカットしたもの。つなぎ合わせて使用したり、アンティークやオーガニックコットンなど、生地にこだわりをもつ人も多い。

バッジ

安全ピンなどで、気に入った場所に何度も付け直すことができるので、比較的初心者でも扱いやすいアイテム。

ブリーチ

色落ち加工のこと。全体的に少しだけ色を薄くしたり、筆などで部分的に白くする方法もある。

ボタン

襟や袖の留め具としてだけでなく、装飾性の高い「飾りボタン」が人気。ブローチのような、アクセサリーの素材にすることもできる。

ラインストーン

プラスチックやクリスタルなどでできたアイテム。既製プリントの上に乗せたり、縁取りなど、ゴージャス感をプラスしてくれる。

ラインテープ

等幅の布でできたテープ。刺繍やプリント入りのものもある。裾や袖口を縁取ったり、複数を組み合わせて模様にすることもできる。

リボン

幅、色、素材などによって使い方はさまざま。結び目をつくってワンポイントにしたり、キャミソールの肩ひもにも利用できる。

ワッペン

刺繍やプリントなどの模様がデザインされた飾り。接着するときの向きや数で、オリジナリティが出せる。

ペイント

ペンキは布用のものを使用するが、普通のペンキでも可能。アイデア次第では何にでも応用可能だが、センスが重要となる。

パッチワーク

違う生地同士を合わせてコントラストをつけたり、手軽に雰囲気を変えられる。和柄、無地、デニムなど色々な物を用いる。

リバーシブル

表裏で生地が切り替えられていて、両面を使用できる。リメイクではスカート、帽子、バッグなどでもよく見られる。

ヴィンテージ用語

赤タブ

リーバイスが商標登録している小さな赤いラベル。ジャケットやジーンズのバックポケットの右側に付いている。

イエローステッチ

綿糸を使用した、黄色いステッチのこと。擦り切れやすい、リーバイスの501XXや初期のBIG-Eのアーキュエイトステッチもコレ。

カンヌキ（バーダック）

鋲（リベット）の変わりに、バックポケットの縁にしてあるステッチ。補強をするため、太い糸で縫い付けてある。

月桂樹ボタン

大戦モデルの特徴のひとつ。ブランド名の明記はなく、当時市販されていた月桂樹模様のボタンが使われた。

コの字留め

ヴィンテージ商品など、古いジッパーの一番上に付いたコの字型の留め。ジッパーブランド「TALON」「CONMAR」のものが多い。

シェルボタン（貝ボタン）

貝を原材料にした、自然な風合いのあるボタン。現在も人気の素材で、ヴィンテージのシャツなどに使われていることも。

大戦モデル

第二次世界大戦の社会現象を反映した、簡素化されたジーンズ。ステッチの簡略化や、ボタンなどのパーツに特徴がある。

チェーンステッチ

裏側の縫い目が鎖のようにつながったステッチ。ほとんどのヴィンテージジーンズに使われている。

ハウスマーク

1930年代から使われている、リーのタグ。ブランド名の入った、三角屋根の家がデザインされているので、こう呼ばれている。

BIG-E（ビッグE）

「LEVI'S」と、大文字でブランド名が表記された赤タブが付いた、1971年以前につくられたリーバイス製品のこと。

マチ

ヴィンテージシャツなどの、裾の縫い合わせ部分に付いている三角の布のこと。補強用として縫い付けられたもの。

アーキュエイトステッチ

リーバイスの象徴である、バックポケットに縫い込まれた弓形のステッチ。製造された年代によって多少形が変わるのもおもしろい。

隠しリベット（コンシールリベット）

ヴィンテージジーンズのディテールのひとつ。バックポケットの縁を補強するため、裏側に付けた金属の鋲のこと。1967年に廃止された。

ギャランティ

リーバイスがパッチに明記していた品質保証。パッチに"Every Garment Guaranteed "と書いてあるものを「ギャラ入り」という。

コインポケット

フロントの右側に付いている小さなポケットのこと。本来は、懐中時計を入れるという実用的なものだった。

染み込みプリント

生地に馴染む自然な染色加工がされたもののこと。着ていくうちに風合いが増して、柔らかい色落ち感がたのしめる。

シングルステッチ

上下の糸が1本のステッチになった一般的な縫製の仕方。チェーンステッチと区別して呼ばれている。

単色タグ

チャンピオン社が1970年代に製造したスウェット「リバースウィーブ」のタグ。「金タグ」「赤単」「青単」などがある。

デッドストック

年数のたったジーンズなどが、当時のまま未使用で残っているもの。保存の状態にもよるが、希少価値が付くものが多い。

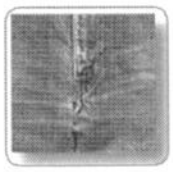

ヒゲ

フロント部分にできる、白っぽい横じわのこと。ジーンズを穿き込むうちに、生地同士が擦れてできたもの。

フラッシャー

製品の素材や形状、特徴などが書いてある紙製のラベル。未使用デニムのバックポケットに付いている。コレクター人気が高い。

ラグランスリーブ

トレーナーなどに一般的に使われている縫製の方法。襟ぐりから袖下まで斜めに縫い合わせてあるのが特徴。

普及しはじめている、電子マネー導入のメリットとは

クレジットカード以外にも「おサイフケータイ」などの電子マネーが普及しはじめ、消費者にとっては、より便利になっています。お店にシステムを導入するメリットやクレジットカードとの違いについても知っておきましょう。

クレジットカードよりも便利？「携帯」で支払い

買い物客にとって便利なクレジットカード。購買を促し客単価が上がれば、お店にとってもメリットとなります。ただ、クレジットカードの加盟店手数料（3〜8%）がかかり、カード会社からの入金も2週間〜1カ月後となることから、ある程度資金に余裕が必要です。

また最近では、携帯電話をかざすだけで支払いができる「おサイフケータイ」などの電子マネーも普及しつつあり、NTTドコモでは2000万契約を突破（2007年度NTTドコモ調べ）。利用できるお店も増えてきていますが、電子マネーには支払いがクレジット決済による後払い式と、JR東日本のSuicaのようにその場で決済されるプリペイド式があります。クレジットカードとの主な違いは、サインや暗証番号がいらないこと（一部を除く）、決済スピードの速さ、少額決済を対象にしている点が挙げられます。

すでにコンビニなどでは多く導入されておりクレジットカードよりも利用しやすいため、とくに若者をターゲットにしている古着店などでは今後、利用価値が高いといえるでしょう。しかしQUICPayなど後払い式のものは、売り上げの入金に関してもクレジットカードとほぼ同様の時間を要することに留意しておく必要があります。

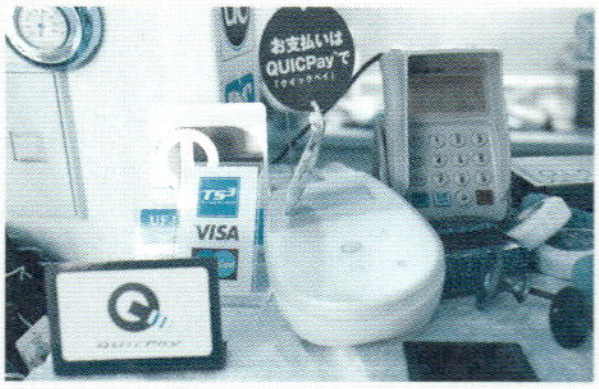

ALBERTO（20ページ）ではクレジットカードと電子マネーのQUICPayに対応（写真はQUICPayの専用読み取り機）

共用リーダーライターの登場で利用が拡大の可能性

これまではリーダーライター（ICチップに埋め込まれた個人情報を読み取る機械）が、電子マネーの種類により異なることが問題視されていましたが、ようやく共用のものが登場。Suica、iD、QUICPay、Edyが１つのリーダーライターで利用可能となったもので価格は10万円前後となっており、コンビニやファミリーレストランを中心に導入されはじめています。

電子マネーを取り巻く状況は現在変革期にあり、つねに動向に注意しておくこと。お店にクレジットカードの導入を検討している場合は、それぞれカード会社が対応する電子マネーの種類をよく把握しておくとともに、特徴などを理解することも重要です。

おもな電子マネーとクレジットカードの提携先

名称	発行元	主な提携先
*プリペイド型（前払い式）		
Edy	ビットワレット	ソニー　全日空
Suica	JR東日本	JCB　JAL
ICOCA	JR西日本	UFJニコス　JCB
TOICA	JR東海	セントラルファイナンス
PASMO	パスモ	三井住友　JCB
nanaco	セブン&アイ・ホールディングス	JCB アイワイカード
*ポストペイ型（後払い式）		
PiTaPa	スルッとKANSAI協議会	三井住友 全日空
iD	NTTドコモ	三井住友 UCカード
QUICPay	JCB・イオンクレジットサービス	トヨタファイナンス
Smartplus	三菱UFJニコス	DCカード
VISA TOUCH	ビザ・インターナショナル	三菱東京UFJ

第6章
開店前の準備と段取り

オープン直前！これだけはやっておこう

開店直前、シミュレーションを繰り返して本番に備えましょう。
そのほかにもお店の宣伝方法を考えたり、
1日の流れを把握し、無理がないかをチェックしたりと、やることはまだまだあります。
開店後に慌ててお客さまに迷惑をかけることのないよう、
細かいところにまで目を配っておくこと。

買いたくなる
接客術

コーディネイトの提案や会話を楽しめる余裕をもとう

どんなお店でも、接客するときの心構えとしてまず大切なのは、お客さまを〝お迎えする〟という気持ち。そのうえで古着のコーディネイトなどの楽しみ方を提案すれば、お客さまの信頼も得られ、リピート率が上がるはずだ。

丁寧な接客を行うことは商品を売るための努力のひとつ

「古着が好き」という強い思いやこだわりから開業する人は多いですが、自慢の品ぞろえを見てもらえばそれで売れる、と考えてしまいがち。古着屋コンサルタントの佐々木健さん（株式会社ブレーンバスター代表・129ページ参照）は、『品ぞろえ』と『売る』こととはまったく別。売るための努力として接客も欠かせません」と指摘します。

「接客方法も、まずはお客さまをお迎えしようという姿勢が大事。来店客に〝いらっしゃいませ〟と元気良くあいさつするのは当たり前で、「あの店の店員は明るくて感じがいいな、という印象だけでもお客さまの記憶に残ります。また、あまりしつこく話しかけると嫌がられることも。『何かあればお気軽に店員へお声がけください』とひと言付け加えるだけでも十分です」

商品の魅力を伝えてコーディネイトを提案する

「人気のあるお店と、そうでないお店との大きな違いは、お客さまにコーディネイトの提案をしているかどうかという点にあります」と佐々木さんは接客のポイントについても挙げます。

「なかには『ここは面白そうなお店だな、何かいいアイテムが見つかるかな』という気持ちで訪ねたお店がたまたま古着屋だったという場合や、ただ古着が好きで、何かアイテムを探しに来店するというケースもあります。その際しっかりと商品の魅力を伝え、コーディネイトの提案もできれば、お客さまからの信頼が得られるはずです。また、古着好き同士、話が弾むこともあるかもしれません。そうしたお客さまとの会話を楽しむ余裕をもつことも大切です」

＊コーディネイトの提案

コーディネイトの提案をする際に気を付けたいのは、本人の意向を無視した接客をしないようにするということ。どういったものが自分に合うかわからない、などでほぼ店員にお任せのようなお客さまもいるが、まずは好みやイメージなどをきちんと聞こう。

店員に勧められるままその場では納得していても、あとになって「やっぱり自分のイメージではない」など、お客さまからのクレームとなることもある。単に「押し付け」ととられないように気を配りたい。さりげなく声をかけ、反応によって対処を変えるなど、お客さまのタイプによって、臨機応変に動くことも必要だ。

コーディネイトや提案のポイント

「いらっしゃいませ」「かしこまりました」「少々お待ちください」「ありがとうございます」
「申し訳ございません」といった接客のフレーズは基本！

①アイテムを手に取っているお客さまに

「お探しのものが見つかりましたか？」「その服はデザインが可愛いですよね」とさりげなく声をかけてみる。
「そのアイテムでしたらこちらのコーナーにもそろっていますよ」「よろしければ在庫をいくつかお持ちしましょうか」とさらに案内をする。

▼

②お客さまの探しものや好みを聞きだす

「何かお探しものがございますか？」「どのようなものがお好みですか？」

▼

③好みを察したアイテムを紹介

「たとえばこちらのアイテムはいかがでしょうか？」と、いくつかの商品を提案してみる。

▼

④アイテムの魅力、お勧めのポイントを説明

「今日のお召し物にもコーディネイトできますよ」「そのアイテムにこちらを組み合わせるとぴったりですよ」と、着こなしの提案もする。

▼

⑤試着をお勧めする

「手に取って見るだけでなく、実際にご試着してみませんか？　そちらの試着室でお気軽にどうぞ」とフィッティングルームへ案内する。

▼

⑥フィッティングルームのお客さまに声をかける

「着心地はいかがですか？」「もしサイズが合わないようでしたらおっしゃってください」お客さまのサイズに合っているかなどを確認し、ヨゴレやキズがあれば細かく説明。購入後のトラブルを未然に防ぐ。

▼

お買い上げ！

アルバイトなどを通して経験を積むことも大切

接客術のマスターをめざすならば、古着屋でアルバイトなどを経験するのが一番の近道だ。しかし、接客業であれば、どのような商品を扱うお店であっても何かしらの参考になる点はあるはずだ。「お客さまをお迎えしようという姿勢」をもち、どのタイミングでどのように声をかければよいのか、あるいはお客さまにコーディネイトを提案するためにはどのような会話の流れが相応しいのかなどを観察し、研究してみるといいだろう。

ポイントとなるのは「お客さまの様子を探る」こと。ぶらりと立ち寄り店内を見て楽しんでいるだけなのか、何かよいアイテムがあれば買いたいと考えているのか、特定のアイテムを探しに来店したのかなど、それぞれの目的に応じてお客さまの様子は異なるものだ。

また、それとは逆に、客としていろいろなお店を訪ね、自ら体感してみるという手段もある。その際の店員の接客方法も参考になるはずだ。

営業時間＆定休日の設定

「営業時間」と「定休日」は開店後に決めても遅くはない

周辺に大型ショッピングセンターなどがあれば、自分のお店に集客するチャンスがある。客足の鈍い曜日に定休日を合わせるなどの工夫も必要だ。効率よく商売をするためにも、まずは商圏全体の客足を把握しよう。

他店よりも早い開店で印象付ける

競合店が多く集まっているような地域では、ほとんどのお客さまはいくつものお店を回って見比べ、気に入ったところで買い物をします。一番最初に入ったお店は強く印象に残ることもあるため、品ぞろえで遜色がなければ、他店よりも開店時間を早めたほうが有利といえます。

近隣にスーパーなどの大型店があれば、そのお店の定休日が商圏全体の客足に影響するので、必ず調べておきましょう。また、スーパーがもっとも混雑する時間は昼前や夕方。レディースものやキッズものなど、とくに主婦をターゲットにしている商品を扱う場合、自分のお店の営業時間もそれに合わせて設定すると、効果的といえます。

意外に多い店外の仕事も効率よくこなせる時間設定を

お店の仕事は店内だけではありません。商品を仕入れる、銀行に行く、また、備品を購入したりといった雑務にも追われます。実際に開店してみると、お店の外での仕事の多さにも気付くでしょう。お店を1人で切り盛りするなら、こうした仕事は定休日か営業時間外に行わねばなりません。店外業務をリストアップしたうえで、スケジュール管理することも重要になります。

また、開店後はとくに慣れるまでの間、気が張り詰めていたりと、精神的な疲労も大きくなります。定休日はきちんと設けて、無理のないペースにしましょう。

なお、定休日や営業時間は最初からきっちり決めなければいけないものではありません。お客さまの少ない曜日・時間は、開店してから少しずつ見えてくるものです。ただし、変更する場合は事前に店頭などで告知することを忘れずに。

*商圏
ある商業施設が影響を及ぼす地理的な範囲をいう。日用品は近所のスーパーやコンビニで購入し、家電製品は郊外の量販店で購入する、といったように、商品や商店の業態により商圏は大きく異なる。

*ショップカード
開店前に営業時間と定休日を設定すると、変更したときに、せっかくつくったショップカードがすべてムダに。一度に大量につくらずに、開店後の客足を見ながら、営業時間と定休日の修正ができるようにしておくといいだろう。

出店地域による営業時間の決め方

お店を営業する場所によっては、時間帯や曜日で人の流れも大きく異なる。営業時間も、周辺の動きを敏感にキャッチしながら検討してみよう。

＊繁華街・商業施設内

商圏は広く集客力は高いが、生存競争が激しい。他店よりも早めの開店時間にするなどの対策をとれば、お客さまの印象にも残る。客足が増える週末は、閉店時間を遅く設定するのもよい。

＊商店街

集客力は高いが、地域により利用者の年齢層が高め。他店が休んでいると、全体的に閑散とした雰囲気になり集客が見込めないので、周りと定休日を合わせる。

＊ロードサイド

車で来店できることから、商圏は他府県まで広がる。周囲のスーパーなど大型店に客足が左右されるので、混雑する曜日・時間帯をあらかじめチェックしておく。

＊住宅街

集客力は低いが、リピーターを獲得しやすい。人通りを考えると、周辺住民の帰宅時間に合わせて平日は遅く、週末は早めの閉店がいいだろう。

ネット販売は年中無休？実店舗を2店もつ覚悟が必要

インターネット販売では、いつでも商品を見たり、購入することができるため、実店舗のような営業時間の概念がなくなる。そのためお店としては黙っていてもお客さまが来るぶん、年中無休の覚悟が必要になる。

とくに実店舗を営業しているお店では、2店舗もつくらいの考えで経営すること。ネットショップは手軽に利用できるのが魅力だが、商品の梱包、発送など、対応の早さも求められる。もし、対応が遅い、利用しづらいなどの印象を与えてしまえば、お客さまはすぐに他店へ移ってしまいかねない。また、個人情報漏洩の対策を怠れば、お店の信用問題にかかわる危険性もあり、顧客データの管理をしっかり行うことが重要になるといえる。

ネットと実店舗で商品を共有する場合、ネットの売り上げが上がったぶん、お店の売り上げが減るということも有り得る。実店舗の販売を重視するなら、経営が軌道に乗り、安定した定休日、人手も確保できるようになってから、ネット販売ははじめたほうが無難だろう。

実践的アドバイス #06

工夫を凝らした魅力的な棚づくり

単に商品が整然と分類されているだけでは、お客さまは魅力を感じないもの。
いかに楽しめて、かつ選びやすい棚をつくるかが、購買率の増加につながるのだ。
コンセプトに合わせた魅力的な棚づくりをしている、
人気店の工夫を参考にしよう。

手づくりの小物で、温かみを出す

「flower」（88ページ）では、シーズンごとにテーマを決め、スタッフが自分たちで模様替えしています。ハンガーラックに枝を使い、吊り下げるためのロープもハギレやリボンで手づくり。小物のディスプレイにはレース編みを使ったり、階段やかごを利用して商品を見せたりと、さまざまな工夫が、お店に温かみを加えています。

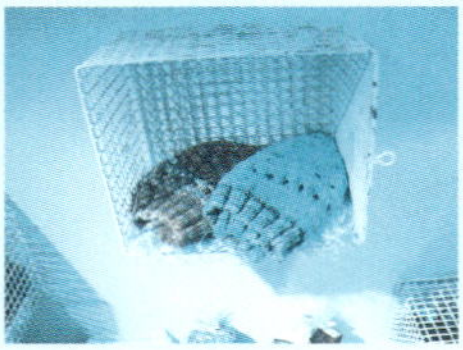

担架を利用したパンツ類のディスプレイ

アメリカ軍の担架をパンツのディスプレイとして利用している「JUMPIN' JAP FLASH」(84ページ)。ずらして並べることで、色や材質がお客さまにわかりやすくなっています。担架の古びた味わいも、古着にしっくりと馴染んでいます。

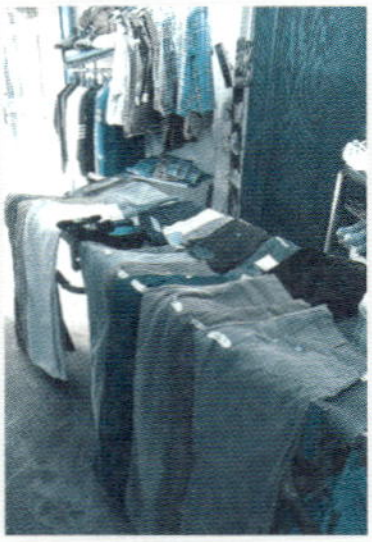

コーディネイト例を壁面に多数展示

キッズのアメカジ古着を扱う「mamimu' s」(50ページ）では、細長い店内の一方の壁に、コーディネイト例を多数展示しています。ビニール袋などで詰め物をして、立体的に見せたディスプレイで、子どもが大勢いるような、にぎやかな雰囲気に。

ロックミュージシャンを モチーフにしたディスプレイ

「ロックミュージシャンが占拠した廃墟」を空間コンセプトとする「BERBERJIN®」(92ページ)。バイオリンや車椅子など、キーワードから連想される小道具を陳列棚として利用して、ユニークなディスプレイをしています。

窓辺の光をうまく取り込む 透明のアクリルケース

「Oh là là」(56ページ)のオーナー宮崎さんが心がけるのは、「ものが一番可愛く見える」ディスプレイ。窓辺には透明なアクリルケースを置き、アクセサリーや食器など、光を受けてきれいに見えるアイテムを並べています。

鮮やかな商品の色 そのものが装飾に

「pashat-pashat antiques」(14ページ)が扱うのは、発色の良いアメリカ古着。商品そのものの色が、白い壁を背景に際立っています。とくにワンピースの並べ方は、形よりも色を重視。ハンガーラックが美しいグラデーションを構成しています。

合わせやすいアイテムを 隣合わせに並べる

洋品店だった前店舗の内装をそのまま利用している「橘」(38ページ)。傾斜がついて、商品が見やすいハンガーラックには、カーディガンやブラウスと、スカートを横に並べています。組み合わせやすいものを近くに置くことで、その場でお客さまがコーディネイトしやすい工夫です。

レコード棚を利用して Tシャツの柄を見せる

「ALBERTO」(20ページ)では、レコード店用にそろえた什器を棚として転用。レコード棚はTシャツのプリントを見せるのに役立っています。また、CDラックもシューズや小物を並べる棚として利用しています。

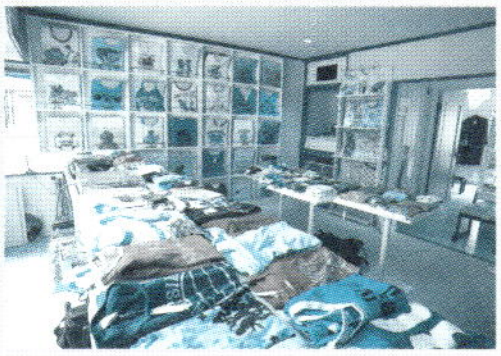

足元には靴を置き 着こなしを提案

コーディネイト例の足元に、靴を陳列しているのは「FUNK TIQUE」(26ページ)。トータルなコーディネイトを提案しています。また、「海賊船」という空間コンセプトは、小物を置いた椅子や、革張りの箱など、お店のあちこちに散見されます。

在庫管理術

アイテム数の多い古着屋だからこそ在庫管理が大事

古着屋は扱うアイテムの種類や数が多く、売れ残っている商品などの、在庫管理もおろそかになりがち。仕入れから販売に至るまでの商品の流れを把握し、あらゆるムダをなくすことが重要といえる。

仕入れの段階から商品の流れを把握すること

在庫管理ではまず、商品の流れを1つひとつ把握することからはじめます。いつ何を、いくらで何点仕入れたのかをノートに記入したり、エクセルファイルに入力するなどして明確化すること。売り上げ記録の作成（126ページ参照）を行っておけば、ここでも役立ちます。

商品の流れを把握するとともに、仕入れ値と実売価格を比較し、見合っているかどうかも確認します。売れ筋商品や、時期・曜日ごとの商品の売れ行きなどの細かいところもチェックすること。こうしたデータを活用すれば、商品の仕入れにも役立ち、時期や曜日によって売れ筋の商品を入れ替えたりという対応も可能になるでしょう。

在庫をうまく管理してムダをなくす

在庫管理では、商品の保管の仕方も重要となります。何がどこに保管されているかがわかるようにし、スタッフの誰でも商品を探し出せるように整理すること。保管場所で商品をなかなか見つけられないことは作業のムダにつながります。

もちろん、保管しておく商品にキズや汚れ、シワなどが起こらないようにきちんとケアすることも大切です。

在庫管理をあいまいにせず、きちんと管理しておけば、不良在庫の把握ができ、なかなか売れない商品をまとめてセール商品にするなどの対処も可能になります。

こうしたムダをなくすことは商売の基本でもあり、怠っていると、のちに大きなしわ寄せとなってお店の経営にマイナスとなります。

単に在庫を保管するというだけではなく、しっかりと〝管理する〟ことが重要なのです。

＊不良在庫

文字通り、良くない在庫のことを指すが、不良在庫にもいくつかの種類がある。

〈不良在庫の種類〉

①不動在庫。一定の期間お店に置いても動きのない商品。商品の入庫後も、注文が来なければ不動在庫となる。

②回転率が低い商品。

③売れ筋とは相反して、ほとんど売れていない商品。

④不良品。品質が悪く、商品に問題があるもの。

在庫の保管スペースと管理の方法

在庫管理をするうえでは保管の仕方やスペースの確保も必須だ。
店舗の広さを優先したいなら、思い切って自宅を倉庫として利用するのも有効だ。

＊保管スペースの確保

バックヤード

店舗物件を探す際に、バックヤードを十分に確保できるかをチェックする必要がある。店舗に陳列できるぶんと同数の商品を在庫に準備できるかが最低限の目安。あとは仕入れのペースや、一度に仕入れる商品量で調整する。

自宅兼倉庫or倉庫レンタル

できるだけ多くの商品をお客さまに見てもらえるよう、店舗スペースを広くしたいのであれば、自宅の一室を倉庫に利用する方法もある。予算があれば、倉庫のレンタルサービスなどを利用するのも手だ。

店舗兼倉庫

郊外なら、広いスペースの倉庫を借りて、店舗と兼ねて利用する方法も。在庫の置き場に困ることもなくなるだろう。ただし、あらかじめどの程度のスペースが必要かなどの調査が必要だ。

＊在庫管理の方法

商品タグの取り付け

仕入れ商品にはできるだけタグを取り付けること。商品名と販売金額を明記しておけば、保管時に商品の見分けがつきやすく、取り誤ることもない。また、販売時にタグを回収することで、その後の売り上げ記録の作成が効率良くなるほか、記録ミスの防止にもつながる。また、簡単な商品説明に加え、リペア不可能なキズや汚れ、シワなどがあればそれも明記すること。クレーム対策にもなり、お客さまからの信頼度も増す。

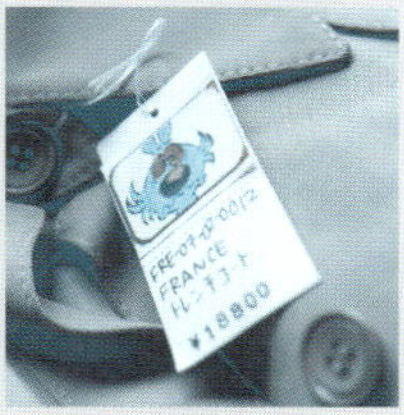

「ALBERTO」（20ページ）では商品タグに管理番号を記入している。

商品の取り扱い

ハンガーがけするか、折りたたむかなど、店頭に陳列する際と同様の保管方法にするの理想的だ。しかし、保管スペースの制限から折りたたみを余儀なくされる場合には、店頭へ移動するときにアイロンがけしてシワを伸ばすなど、できるだけ見栄え良くすること。定期的なチェックとケアも欠かせないだろう。もしもキズや汚れ、シワなどが見つかれば可能なかぎり、リペアを試みること。

店舗のバックヤードに整然と並べられた「FUNKTIQUE」（26ページ）の商品。

定期的に棚卸を行い在庫管理を徹底する

全商品の仕入れから販売までを記入した売り上げ記録からは、売れずに残った商品が在庫として見て取れる。こうした記録に誤りがないかを実際にチェックするのが棚卸だ。在庫数と記録に違いがあれば記録に誤りがあるということになる。そのまま決算してしまうと、税務申告などを適正に行えなくなるため、定期的に棚卸をすることでこうした事態を未然に防ぎたい。

棚卸のペースは理想的には月1回だが、古着屋の場合は取り扱う商品の数が多く、手間と時間がかかることからおろそかになりがち。そんなときは、季節品の入れ替えに合わせて春夏秋冬の年4回か、半年に1回のペースでも十分だろう。定期的に仕入れを行う場合は、合わせて行えば効率的。こうした卸作業も重要な在庫管理の一環となる。

定期的な棚卸で不良在庫を確認すれば、商品を買い取る際の目安にもなる。「honey」（106ページ）

看板とエントランス

集客をアップする看板とエントランスをつくろう

看板やエントランスは集客や売り上げに影響を与える重要な要素の1つ。少しでも多くのお客さまにコンセプトを伝えて足を止め、入店と購買のきっかけにできるよう、エントランスは、趣向を凝らしたものをつくりたい。

看板は、コンセプトに沿ったデザインで

お店の顔となる看板をつくるために、まずはイメージを具体的なものにしましょう。看板のデザインをプロのデザイナーに頼む場合は、お店のコンセプトや特徴、店名の由来などを細かく伝え、色や書体、キャラクターについて、入念な打ち合わせをすること。イメージするデザインに近いものを雑誌などで探し、参考資料として渡せば、より明確に意図が伝わります。腕に自信があれば、自作するのもいいでしょう。

また、看板には開店時間や電話番号などの基本情報はもちろんのこと、扱っている商品の種類などを盛り込むと、お客さまに対してより親切です。

お客さまの足を止める魅力的なエントランス

多くのお客さまの興味を引くようなエントランスをつくれば、来客数を確実に増やすことができます。

たとえば、お店の売りになる商品を使い、トルソーをトータルコーディネイトします。1つのアイテムからではイメージしにくい着こなしを、お店側から提案することでセンスをアピールでき、お客さまにとっては古着がより身近に感じられるようになるでしょう。

洋服は季節感が重要ですから、シーズンごとにディスプレイを変えるのは基本。より頻繁に変化させれば、常連のお客さまに対しても、つねに新鮮な印象を保てるでしょう。

さらに、店舗前にスペースがあれば、手ごろな値段の商品を並べます。セールのワゴンを置いてもいいでしょう。それにより、お客さまが実際に商品を手に取り、入店するきっかけをつかみやすくなります。

＊店名の考え方
お店の名前は、漠然と考えているだけでは、なかなか思いつかないもの。まずはコンセプトや、取り扱う商品名を書き出してみよう。次に、どんな雰囲気にしたいかを考えながら、関連する言葉も書き加えていく。そうして出したキーワードを外国語にしてみたり、組み合わせてみたりと試行錯誤を繰り返し、語感やインパクトを基準に、最適なものを導き出そう。
ただし、自分1人で考えた店名は、第三者からはわかりにくいなどの問題点がある場合も。客観的な視点を得るために、家族や友人からもアドバイスをもらおう。

お客さまの目を引く看板・エントランス

看板やエントランスはお店の顔。視覚的にお店のイメージを伝えることができる。
お客さまの足を止める工夫を、人気店の実例に見てみよう。

個性をアピールする看板

「SHARK ATTACK」(32ページ)のオーナー、伊藤さんは、ピンストライプ職人だった経験を生かし、看板を自作。インパクトの強い、ヴィンテージアメリカン風のものに仕上がった。

「pashat-pashat antiques」(14ページ)では、コルクボードにロゴを花モチーフのピンをたくさん配して留め、ポップな雰囲気を演出。店内の明るい雰囲気が伝わってくる。

お客さまを呼び込むエントランス

季節ごとのテーマに則したディスプレイを展開する「JUMPIN' JAP FLASH」(84ページ)。イベントなどの時期に合わせたものでお客さまの興味を引きつける。

テラスをエントランスとし、明るく入りやすいお店づくりをした「ALBERTO」(20ページ)。カップルコーディネイトした2体のトルソーで、レディース、メンズ共に扱っていることが一目瞭然。

「橘」(38ページ)のショーウインドウ内の棚は回転する。ここには目立つ色の商品を置き、通行人の目を引く工夫を。また、エントランス前には安価な雑貨を置き、お店に入りやすい雰囲気にしている。

ブラックボードにお客さまへのメッセージを書いている「mamimu's」(50ページ)。私信風のメッセージを伝える手書きの文字で、アットホームな雰囲気に。少なくとも週に1度は更新している。

ディスプレイに配慮して つねに新鮮な印象に

流行の移り変わりが速いファッション業界では、ディスプレイも季節感を先取りするのが基本。古着屋であってもそれは同じだ。たとえば、2月ごろ、デパートのショーウインドウでは春のディスプレイをはじめている。まだ寒いからと暗い色合いの厚手のコートをエントランスに飾っていては、お客さまに「遅れている」という印象を与えてしまうことに。

反対に少し早めのディスプレイ変更をすれば、印象は新鮮になる。ただし、あまり早すぎて周囲のお店から浮いてしまわないよう注意。ただ一般的に表参道など、ファッションに敏感な街ではタイミングがより早い傾向にある。普段から自分のお店の周辺や町の様子をよく観察して、1週間程度の先取りを心がけよう。

販売促進・宣伝術

販促宣伝はお金をかけず手間とアイデアで勝負

少ない資金でも開業できる点が古着屋の魅力でもあり、宣伝についてもコストを抑えたいところ。お金をかけずに〝手間〟と〝アイデア〟で集客アップをめざそう。手づくり感溢れる宣伝で、古着屋らしさを演出するのもひとつの方法だ。

無理な販促宣伝は逆効果になることも

ショップオーナーなら誰もが、お客さまが途絶えることのない、活気あるお店にしたいと願うはず。そこで予算に余裕があるなら、雑誌やフリーペーパーに広告を出したり、チラシなどの宣伝ツールを制作して販売促進に力を入れましょう。

目安として、比較的安く抑えられたとしても広告料金は雑誌で10万円〜、フリーペーパーでも3万〜、チラシは印刷費だけでA4版3000枚が2万円〜。こうした費用をペイできるだけの売り上げや十分な集客が見込めるのかも考慮する必要があります。

また、宣伝後にお客さまが急に増えた場合、不慣れな運営でうまく対処ができず、戸惑ってしまうこともあります。それが悪い評判となってしまっては逆効果。

まずはじめにあまり大きな宣伝をせずに、状況を見たほうがよいでしょう。自分を含めて対応力などを見ながら、「ほどほどに」お客さまを呼び込む程度にしておくこと。接客やお店の運営が十分に行き届けば、それが評判となってお店も軌道に乗るはずです。

手間やアイデアを注ぎ予算をかけずに販促宣伝

お金をかけない販促宣伝の方法はまず看板。「町の風景が変わるのは非常にインパクトがあります。そこでたとえば、店前に黒板を置いて毎日異なるメッセージを書いたり、看板の色を変えたりすれば、それだけで道行く人の記憶に残り、来店してくれるという可能性も高まります」と、古着屋コンサルタントの佐々木さんもアドバイス。

また、チラシなどもパソコンで作成すれば安上がりです。

＊販促宣伝の裏ワザ

「私が手がけたお店で、近所を歩いてリサーチしたところ公民館でダンス教室が開催されていたため、そこにチラシを貼りました。すると『ダンスの衣装に！』ということで多くの方が来店され、リピーターも得ることができたのです」とのエピソードを話す佐々木さん。これは、ターゲットを自らの足で見つけてピンポイントに販促宣伝することが有効だという例だ。

また佐々木さんは、お買い上げ金額ごとにスタンプを押し、スタンプがたまればそれが割引券になるというポイントカードを配布したことも。来店客をリピーターに結びつける販促宣伝も重要な試みなのだ。

販促宣伝でPRする方法

販促宣伝とひと口に言っても、さまざまな方法がある。
看板づくりやチラシ制作のほか、ホームページなども活用して、ネットでの口コミにも期待したい。

＊看板や店頭ディスプレイ

看板は、業者を頼らず、ペンキや板、部材を買いそろえて手づくりすれば費用は安くすむ。また、店頭ディスプレイとして黒板を用意し、毎日メッセージを書くなり、新入荷の商品を告知するなりすれば、効果的なPRとなる。

＊ご近所回り

お金をかけずに足で稼ぐ宣伝方法だ。飲食店や人が多く集まる場所を1軒1軒訪ね歩き、名刺やチラシを互いに置きあうことができればPRにつながる。親しくなり、相手を味方にすれば、案外、地元ならではのクチコミの発信源になるものだ。

＊ホームページ

ネット販売にまで手を広げなくても、お店の紹介程度で来店客を集められれば十分。パソコンとホームページ作成ソフトを購入すればコストも削減できるので、パソコンが苦手な人でも挑戦する価値はある。

＊チラシやビラ、ポケットティッシュ

掲載内容と配布する場所が重要。リサーチを兼ね、最寄り駅や人通りの多い場所、店先で手配りするほか、周辺にポスティングすれば地域ごとの客層を把握できる。ターゲットに合った掲載内容と配布方法がわかるはずだ。

＊広告

広告料が安いのはフリーペーパーだ。複数回の掲載で契約すれば割引価格になるケースが多く、交渉しだいでさらに値切ることも可能だ。ただし、広告費をペイするためにどれだけの売り上げや集客の効果が必要か十分に検討する必要がある。

＊ダイレクトメールやポイントカード

一度、来店したお客さまをリピーターにつなげる手法として最適。「一度はお店でお買い上げいただいた」という感謝の気持ちを、割引や優待などの形で示せば、再来店の期待が高まる。ただし、個人情報の扱いには十分な注意が必要。

不良在庫を割引セール 効率的な販促宣伝

なかなか売れない不良在庫は店頭に並べても、バックヤードや倉庫に保管しても、場所のムダになるだけ。「理想では1カ月、長くてもワンシーズン（季節替わり）が過ぎても売れない商品は、早めに見切りをつけて処分すべきです」と佐々木さんは指摘する。そこでお勧めしたいのが、不良在庫を格安販売するセールを実施することだ。

置いておくだけでムダが増えることを考慮すれば、利益の少ない売値でも損はしない。一方、お客さまにとってみれば「格安セール」は大きな魅力で、ついついお店を訪ねてみたくなるはず。広告やチラシなど、なんらかの販促宣伝を行うにしても、大きな集客が見込めるだろう。年に数回セールを行い、それをきっかけに新規客が集まればさらに期待は膨らむ。

また、ほかの売れ筋商品もセール対象外として通常価格で販売すれば、十分に利益を得られる可能性もある。まさに一石で二鳥にも三鳥にも広がるわけだ。

「flower」（88ページ）では、定期的にセールを開催している。

古着屋の仕事の流れ

開店当日の段取りを決め シミュレーションしておこう

はじめてお店を運営するとなれば、不慣れで戸惑うことも多い。クレームやトラブルを最小限に抑えて、気持ちのよいスタートを切ろう。そのために1日の流れをあらかじめシミュレーションしておこう。

本番で慌てないように シミュレーションを

スタッフとのミーティングや店内の掃除、お釣りの用意、店外のディスプレイ設置……開店準備が終われば、いよいよオープン。接客、包装、会計とスムーズに行わなければなりません。段取りは実際に経験してみないとわからないことも多く、1日の営業をシミュレーションしておくことが必要です。

お店を1人で運営する場合、一度にたくさんのお客さまが来店すると、商品の説明や会計などこなさなければならないことが増え、パニック状態に陥ってしまうことも。1人でできることはかぎられていますから、どんなときでもあせらず、心に余裕をもつことが大切です。

スタッフがいる場合は役割分担や段取りを決め、連携を取れるように練習しておきましょう。

ハプニングはつきもの 大事なのはその後のフォロー

シミュレーションは、実際の営業スタイルに沿って行います。友人や知人、近所の人を招き、客観的な立場からの意見を求めましょう。お店の雰囲気やサービス、商品についての率直な意見を聞くことも、その後の店舗運営に大いに役立ちます。遠慮なく厳しい目で見てもらうことが大切です。

シミュレーションを実行するタイミングは、内装工事や仕入れとの兼ね合いもありますが、問題が見つかったときのためにも、なるべく早めにしましょう。

お店の運営は、最初から完璧にはいかないもの。問題なのはトラブルそのものよりも、その後のフォローの善し悪しです。お客さまの立場になり、誠意をもって対応することを忘れないようにしましょう。

＊休日のスタッフ確保

立地条件にもよるが、一般にお店が混むのは週末。場合によっては、休日だけのパートやアルバイトを採用することを考えてもいいだろう。シフト体制によって休日のスタッフを多めにする方法もある。しかし、ゴールデンウィークやお盆などで臨時のスタッフも確保できないときは、頼れるのはやはり身内ということに。自分のお店をもつなら、いざというときに、家族の理解と協力が得られる状態にしておこう。

こんな点を要チェック！　開業時にありがちな問題点

とくに開店したばかりのお店であれば、第一印象が肝心だ。はじめに悪い印象を与えてしまえば、お客さまは離れてしまう。相手の立場になって考えてみることが必要。

主な問題点

❶ クレンリネスの徹底

繁盛店はどこも清潔。洋服を扱うお店は大量の綿ぼこりが出るのでこまめなチェックが必要。店内はもちろん、入り口周辺の掃除も念入りに。

❷ 商品の販売方法

セール品などを梱包用ダンボールを開いたなかに入れて販売しているお店もあるが、雑な印象を与えてしまう。せめてカゴなどに移し変えよう。搬入されたダンボールを店内に積み上げたままにしておくのもマイナスだ。

❸ 宣伝やＰＯＰがじゃま

大きなＰＯＰなどで視界が遮られたり、宣伝ばかりが目立ち、商品が見づらいなど、やりすぎは逆効果となる。お客さまの購買意欲を失わせることになってしまう。

❹ ごちゃごちゃとしたディスプレイ

整然とした陳列は気持ちがいいもの。とくに古着の場合、乱雑に並べると清潔感がなく見えるので要注意。

❺ 商品の説明が的確でない

お客さまから商品について質問を受けたら、きちんと答えられるのは当たり前。スタッフにもきちんと商品知識を身に付けてもらうこと。

❻ 接客態度、雰囲気が悪い

「いらっしゃいませ」「ありがとうございます」は基本中の基本。スタッフが明るくハキハキしていればお店全体の雰囲気も良くなる。

❼ 空調・照明

お客さまの滞在時間を長くするためにも、過ごしやすい店内環境を整えよう。空調・照明・ＢＧＭなども事前に要チェック。

❽ 商品の品ぞろえが乏しい

開店からいきなり品不足では話にならない。寂しい印象を与えないよう、ボリューム感ある品ぞろえを心がけたい。

❾ お釣りの用意

意外と見落としがちなポイント。あらかじめ銀行で十分な小銭を用意しておくこと。領収書の用意も忘れずに。

気をつけたいマナー 店内での飲食・喫煙は避ける

とくに人の少ない平日のお昼どき、「今日はお客さまも来ないし、まぁいいか」などと、営業時間中に店内で食事をすませることは避けたい。客観的に見ても決して気持ちのよいものではなく、だらしない印象を与える。また、タバコも厳禁。商品に臭いが付くし、直後に対応されるお客さまも、店員に付いている臭いが気になってしまう。

こうしたマナーは接客を行ううえでは基本といえるもの。お客さまの立場になれば簡単にわかることも、いざ経営者として店の中に身を置くと見逃してしまいがちだ。仕事にも慣れ、緊張感も薄れると、つい態度にも出てしまうもの。最低限、次のことには注意し、たえず気を引き締めておきたい。

・営業時間、定休日の厳守
・店内の整理、整頓、掃除
・身だしなみ、接客マナー

開業の夢を叶えたとしても、あくまでスタートラインに立ったにすぎない。お店は長く続けてこそ意味があることを忘れず、開店当初の情熱をもち続けていよう。

問題解決

オープン1カ月で見えてくるお店の問題点と向き合おう

準備万端でオープンし、ホッとしたのもつかの間。思ったよりもお客さまが来ない、利益が上がらないなど、落ち着いたころにさまざまな問題点が。トラブルに発展するまで放置せず、早いうちに解決しよう。

客観的にお店を見る目をもち問題点は早めの対応を

オープン時の活気が嘘のように客足が鈍くなった、お客さまからのクレームが多いなど、オープンしてから起きる問題は少なくありません。問題が発覚したら長引かせず、すばやく原因を突き止めて対処することが大切です。

まず原因として考えられるのは、お店づくりがうまくいっていない場合。たとえば、看板が目立たない、外観に魅力がない、インテリアがお店のコンセプトに合っていない、営業時間や定休日が客層に合っていないなどが理由として挙げられます。また、商品と価格が見合っていないということも。

こうした問題を解決するには、お客さまからの感想やリクエストにまず耳を傾け、2～3週間おきに品ぞろえを見直したり、特売品コーナーを設けるなどの工夫をこらすのも方法です。

周辺住民や店内の人間関係も注意すべきポイント

そのほか、周辺住民との関係にも気を配りたいところ。騒音を出していないか、陳列が道路にはみ出し迷惑をかけていないかなどをチェックしましょう。

スタッフ同士の人間関係も重要です。お店の雰囲気にも影響を及ぼすので、本音を聞く機会をつくるとよいでしょう。問題があれば、なるべく初期段階で気付き、対処することが必要です。

いろいろな人の意見を聞き、素直な気持ちで耳を傾ければ、問題の解決も早まります。その際、すべての意見を反映させる必要はありません。客観的な視点でお店を見直して、問題の解決に臨むことが大切なのです。

＊お客さまアンケートの効果

お店の問題点を客観的に把握するには、お客さまの意見を聞くのが一番。そこに問題解決のヒントが隠されていたり、新たな問題の存在を知るいい機会になる。接客しながら情報を収集することもできるが、簡単なアンケート用紙を用意して記入してもらうのも手。①品ぞろえ②値段③店の雰囲気④接客態度などの項目をつくり統計をとれば、お店の問題を数値化して分析することも可能だ。

売れるお店づくりのひと工夫

品ぞろえや店構えなどの条件にたいして違いがないのに、流行っているお店とそうでないお店がある。ほんの少しの手間や工夫で明暗が分かれることもあるのだ。

＊商品にはお客さまに役立つ情報を添えて

古着のお店は、マニアだけを相手にするわけではない。ヴィンテージ商品の特性や年代、デザイナーなどについて知識をもたない初心者にも親切に対応することが必要だ。購買意欲をかき立てるほか、購入後にお客さま自身が、周囲の人に話す楽しみもできる。また、さまざまな情報を提供することで商品に対する愛着や、こだわりがお客さまにも伝わり、お店の信用度も上がる。

＊陳列棚はこまめに見直しを

いつ行っても同じ品ぞろえでは、リピーターが増えないのも当然。季節ごとに品ぞろえや店舗レイアウトを変えて、つねに新鮮さを保とう。トルソーの服やショーウインドウの商品はお客さまが必ず目に留めるので、最低でも週に1度は取り替えよう。お勧めの商品や入荷情報などが記入されたボードを、店頭に置くのもいい。

チェックしたいポイント

【店頭／外観】

- □外観のデザイン、汚れ
- □看板のデザイン、汚れ、位置
- □店頭陳列は整然としているか
- □店舗前のゴミ処理は万全か
- □告知、宣伝は十分か

【品ぞろえ／レイアウト】

- □陳列棚にムダな空きはないか
- □ボリューム感のある陳列か
- □手に取りやすい高さにあるか
- □いち押し商品は目立っているか
- □オリジナル商品はあるか
- □値段設定は適切か

【そのほか】

- □接客態度は丁寧、適切か
- □スタッフ同士のコミュニケーションはとれているか
- □空調、音楽、照明
- □インテリアに気を配っているか
- □ご近所とのコミュニケーション
- □お店のコンセプトは維持されているか

好かれるお店になるには やっぱり清潔感が第一

「お客さまに好かれるお店に、どうしたらなれるのか」ということは、たいていのオーナーが考えること。好感をもってもらうために大切なことはまず、「キレイ」なお店であること。清潔感があることや、店内が見やすく整理されていることはどんなお店であっても重要だ。広い通路や整ったディスプレイは一瞬にして好印象を与え、居心地の良さを感じさせる。その結果、お客さまの滞在時間は長くなり、商品をより多く手に取って見てもらえるというわけだ。

また、古着屋で一番気を付けたいことのひとつに、「匂い」がある。埃っぽさやカビ臭さにあふれた店では、それだけでお客さまも引き返してしまうことに。

人間はずっと同じ空間にいると、匂いにも鈍感になってしまうもの。自分の鼻はあまりあてにならないと考えたほうがいいだろう。感覚的なものは個人差があるが、ときには客観的な意見を周囲に聞くことが必要だ。お店を清潔にしておくことは、居心地の良さにもつながると肝に銘じておこう。

巻末特集
How To build an On-line store

売れるネットショップはココが違う！

いまやネットショップは「もう1つの店舗」といっても過言ではない。実店舗では商品の陳列やストックがかぎられ、商圏にも制限がある。インターネットを利用すれば、世界中の人を24時間にわたって顧客にできるという長所は見逃せない。「売れるネットショップ」の実例を参考に、お店づくりの可能性を広げてみよう。

経済産業省の「平成18年度電子商取引に関する市場調査」によると、日本国内の消費者向けEコマース（電子商取引。インターネットなどのネットワークを利用して、契約や決済などを行う取引形態）市場は約4・4兆円に上り、前年の約3・5兆円と比較して27・1％増と大きく成長しています。アメリカは同年約19・3兆円と、はるかに規模が大きいものの、対前年比の伸び率で比較すると、日本はアメリカを上まわっています。

日本はアメリカより浸透・発展が遅れており、2000年以降にようやく消費者の利用が増えはじめました。現在、国内におけるEコマースに関する利用状況は、「普段店舗で購入していたような物品・サービスを、インターネットで購入するようになった」という人が約51％で1位、次いで「購入する価格帯が広がり、より低額な商品やサービスを購入するようになった」約31％、「購入する価格帯が広がり、より高額な商品やサービスを購入するようになった」約29％（同調査）という結果が出ています。

営業形態としてネットショップが見逃せないのは、単に電子商取引市場が急速に拡大しているからだけではありません。店舗だけでの営業では集客の範囲に限界がありますが、全国や、さらに海外からでもアクセスできるネットショップならば、どんなに距離が離れていても商品を購入することができます。たとえ購入まで結びつかなくても、閲覧者の興味に引っかかれば、次につながる見込み客を獲得したともいえるのです。

人気のネットショップは、いわば「売れる支店」「腕のいい営業マン」ともいえるでしょう。そこにはどんな工夫がされているのか、ほかのネットショップと何が違うのか、実例を挙げて検証していきます。

女性700万人を読者とする「ガールズショッピング」は日本最大級の携帯ショッピングサイト。ファッション、コスメ、香水、ダイエット商品など、女性が気になるジャンル、アイテム数が豊富。

＊人気の携帯ショッピングサイト

最近、雑誌などでよく見かけるQRコード。携帯電話で読み込むと瞬時にショッピングサイトにアクセスできる。より、手軽でスピーディーにショッピングを楽しめる時代になったといえるだろう。

また、実店舗をもつ古着屋ポータルサイト「古着屋ドットジェービー」（07年11月オープン http://www.furugiya.jp/）は、価格帯、サイズ、コンディションなどで商品の検索もできることから、利用しやすいと好評を得ている。出店料は無料（出来高制で20％を支払う）なので経営者からも注目されている。

人気のネットショップ「INDIES」を解剖！

古着・雑貨はすべて、ほぼ毎月アメリカで1点ずつ商品をチェックし、買い付けている。つねに新鮮な在庫商品と、品質管理にも自信を見せるネットショップを紹介しよう。

アイテム検索

たとえばスウエットは、前面、背面、タグ、もしあればシミや汚れまで写真を掲載し、とても親切。素材、実寸サイズ、モデルの身長なども添えられており、イメージがしやすい。

ブランド検索

「パタゴニア」「ナイキ」「スヌーピー」など、ブランドやキャラクター別での検索も可能。お目当てのブランドがある人にとっては、非常に便利と好評。

サイズ検索

1つとして同じものがない、ほとんどが一点ものの古着は、どんなに色やデザインが気に入っても、サイズが合わないということが往々にしてある。「とにかくサイズ重視！」という人のためのサイズ検索は、ありそうでなかった。

INDIES

アメリカ古着を中心に、雑貨、TOY、子ども用古着も充実している。ジーンズのチェーンステッチが最大のウリで、全国に多くの利用者がいる。

■ 住所／愛知県名古屋市千種区日進通1-18-2
TEL／052-762-1596
■ 営業時間／11:00〜20:00、日・祝12:00〜19:00
■ 定休日／火曜、第3日曜
http://www.indies.org/

新入荷

入荷順に商品が見られるので、毎日覗いても新鮮。商品詳細画面を下へスクロールすると、「店長オススメの商品」もピックアップされており、こちらも楽しい。

商品情報

スペックは、素材、カラー、サイズ、実寸サイズ、状態、生産国、モデルの身長と購入する人の立場に立った詳細な情報を掲載している。

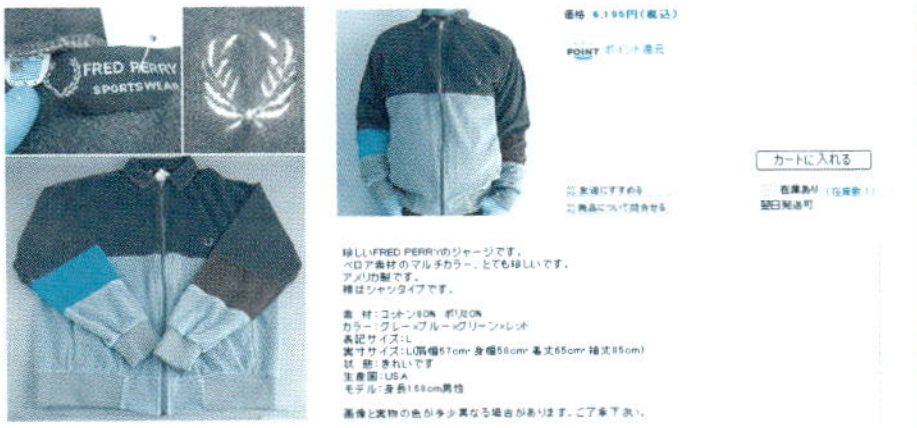

ネットショップの“上手な”見せ方

写真の撮り方

ネットショップで何より大切なのは、安心して買い物をしてもらえる配慮。お客さまが品物を手に取って吟味できない代わりに、商品を立体的に多方面から見せたり、コーディネイトを提案したり、着用時のイメージがしやすいように見せるなど、工夫しなければいけない点がたくさんあります。まずは利用客の目線になることからはじめましょう。

ダメージを売りにする

古着にはダメージのあるものも多く、ジーンズのようにそれが付加価値になったりもします。クレーム防止の意味はもちろんですが、あえてダメージを売りにして見せる手もあります。たとえば穴なら指を入れてわかりやすく撮るといいでしょう。また、ジーンズは色落ちも重要。なるべく自然光の下で撮り、実物に近い色を出すようにします。

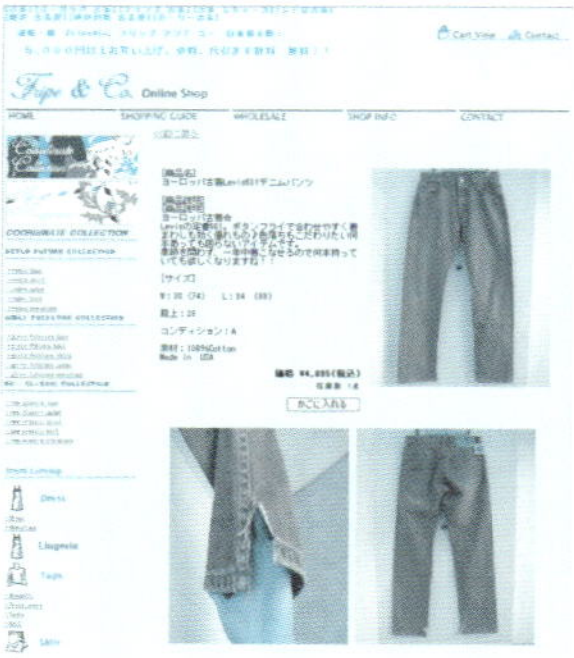

ヨーロッパ古着専門店「フリップ＆コー」（神奈川県藤沢市）ではレディーズものが豊富。http://www.fripe.jp/

トルソーを使う

商品撮影の際にトルソー（マネキン）を使うのは、いまや常識。商品をたたんだり、平置きにするより立体的になるので、商品のラインがわかり、着ている感じをイメージできます。

ネット販売を中心とする「ハニーキャンプ」（千葉県船橋市）では微妙にアングルを変えて撮影。http://www.honeycamp.com/

アクセサリーは装着時をイメージ

アクセサリーはツヤのあるものが多いため、布や紙を敷いて撮るなら、落ち着いた色や高級感のあるベロアなどがお勧め。ネックレスならトルソーの首元へ、ブローチなら胸元へと、装着時のイメージができるようなカットがあると、なお親切です。

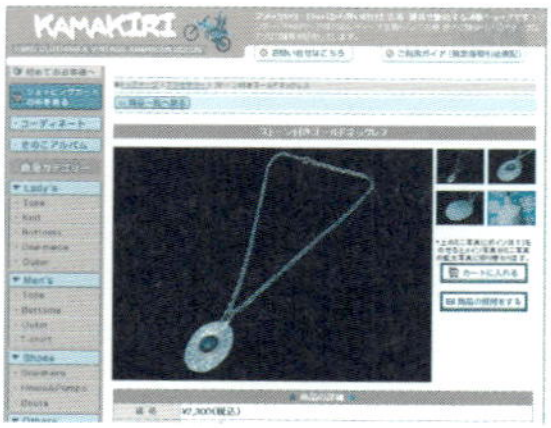

ポインタをミニ写真の上に置くと拡大表示。古着と雑貨を扱う「カマキリ」（東京都杉並区）。http://www.kamakiri.jp/

スニーカーは底が大事

スニーカーはブランド、サイズ、カラーだけで十分と思われるかもしれませんが、古着である以上、ダメージも非常に気になるところ。とくにソールやかかとの「減る」部分は、見せたほうがお客さまにも納得していただけるでしょう。

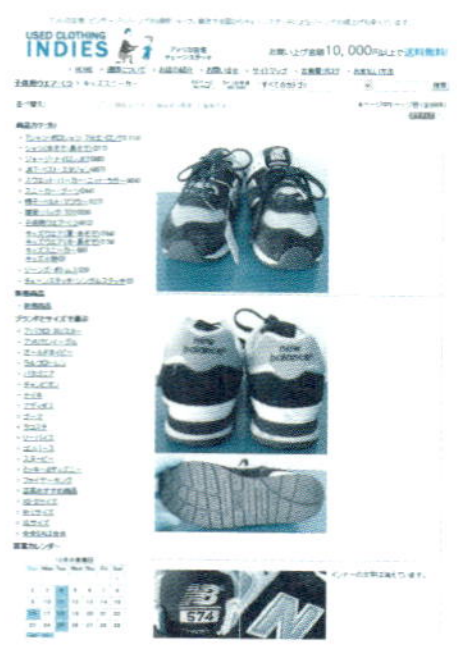

155ページでも紹介した「INDIES」ではソールの写真は必須。http://www.indies.org/

ページの見せ方

極端にいえば、トップページでコンセプトが伝わるくらいのページづくりが大事。そのほかにも、「どんな商品に強いのか」「他店にはないアイテムを集めている」「価格がとにかく安い」などの売りをアピールしましょう。

全体写真とディテールを

ある商品が気になったら、さらに詳細なスペックがわかるように、いろいろな角度から撮った画像、アップ画像、さらには着丈や身幅などの細かいデータを表記するのも安心してもらえる方法。

お店の基準を定め、独自のコンディションレベルを表示するお店も増えています。

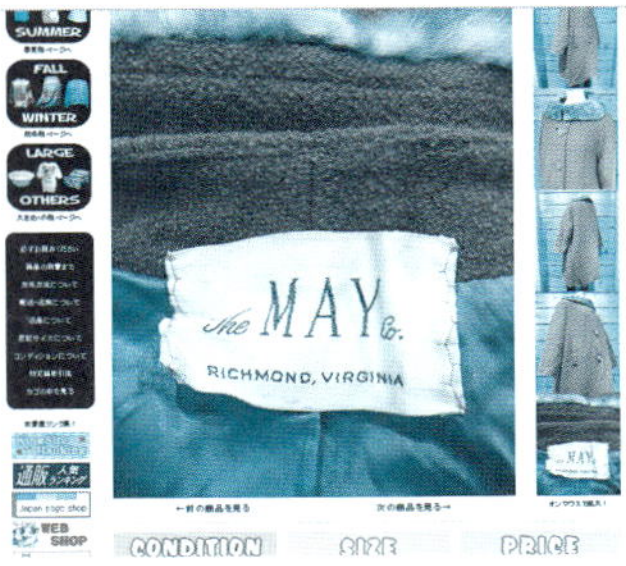

ブランド名、素材などを示すタグを大きく拡大表示。「ハニーキャンプ」
http://www.honeycamp.com/

コンセプトに合ったカテゴライズを

カテゴライズはお店によって非常に異なる部分です。レディス／メンズで分け、さらにアイテムごとに分類しているのが主流で、なかには、春・夏アイテム／秋・冬アイテム別、ナイキ／スヌーピーものなどブランドやキャラクター別、サイズ別というお店もあります。

どれがいいかは一概に断言できませんが、「カテゴリーが細かいのはわかりやすいけれど、ページによってアイテム数のボリュームが異なり、スカスカのページができないよう気を付けている」「品薄のページができるのは避けたいので、自店で集められるアイテムで無理のないカテゴライズをしている」との声も参考になるはず。

デザインや自慢のアイテムでお店を表現

商品撮影の際のバック紙（布）で、お店の個性を表現することもできます。商品をよく見せるにはシンプルな色や柄がいいという考え方もありますが、一貫性があれば、お店のカラーとして捉えてもらえます。他店にはない、マニア好みの商品を半ば趣味のように集めているお店には、固定ファンがつくことも。

なお商品写真を羅列しているだけでは選びにくく、お店のイメージに合った雰囲気のある写真などを織り交ぜて構成するのもいい方法です。なお、斜光を利用して夕暮れなどの写真を撮りたい場合、影の部分が暗くなりすぎることがあるので、白い紙をレフ板代わりに使用します。

1ページの写真点数は最低でも3点

商品の紹介ページには最低でも、全体像、柄、タグ（ブランドであれば）の3点はアップし、スペースに余裕があれば「ダメージ」「素材感」も伝えたい情報です。とくにベロアやコーデュロイなどの起毛類は、平面では素材感が伝わりにくいので、アップ写真が効果的です。

豊富な品数を見せるだけでなく、選ぶ楽しさもある「フリップ＆コー」。
http://www.fripe.jp/

プロカメラマンが教える写真の撮り方

本書でも店舗撮影を担当している、カメラマンの萩原美寛さんが撮影方法を伝授。

まずはコンパクトデジタルカメラを使用することが大前提です。そして肉眼で見た印象と、画にしたときの印象は異なるということを念頭に置いてファインダーをのぞくといいでしょう。

■店内の写真撮影法

ネットショップとはいえ、実店舗を営業している場合は、店内の写真がページ上にあると、よりお店のコンセプトや雰囲気が伝わりやすい。あまり広くない店内で、商品がたくさんあり、雑然としている場合は、高い位置から見下ろすように撮影。広角レンズがある場合は、そちらのほうがベター。ごちゃごちゃとした感じが表現でき、楽しい雰囲気に。反対に店内にゆとりがあり、棚や商品の間隔が広い場合は、画にするとスカスカに写るので、少し目線を低くしたほうがよい。

■商品の写真撮影法

商品の全体像がわかる画像は絶対に必要だが、実物の商品と色がくい違いやすいので、ホワイトバランス（※1）には細心の注意を！

商品を美しく見せるコツは、面光源（※2）を利用して、背景から際立たせること。背景の色は商品に合ったものを用意すればよいが、ホワイトバランス機能をオートに設定すると、自動補正で色が変わってしまうことがあるので、初心者は白い紙や布を用意すると便利。あとで色補正する場合にも、この白を基準にすればいいという利点もある。

面光源をストロボで準備するのが難しければ、窓からの自然光でも十分きれいに撮ることはできる。ただし、晴天時の直射光ではコントラストが強くなりすぎるので、大きなトレーシングペーパーや白く薄い布で窓を覆うこと。それらがない場合は、晴天より曇天の日を選ぶ。

素人にはなかなか難しいストロボ使いも、使う場合は直接商品に当てず、壁などに当て、ワンクッションさせるといい。

全体像がつかめたら、ディテールまで見たくなるのは誰でも同じ。購買意欲を高める効果も期待できる。撮影は接写・マクロ機能を利用して、見せたいものを際立たせる。ほとんどのカメラでは、チューリップのマークがその機能の目印。

※1…白い紙に晴れた日の太陽が射しているとき、夕日が射しているとき、電球の灯りが当たっているときでは、それぞれの白が違う。白いものが白く写るように、色の補正を行う機能をホワイトバランスという。
※2…光源には、中心部が明るく、周囲にいくほど暗くなる「点光源」と、全体に均一な光を得られる「面光源」がある。

知っておきたい運営方法

出店場所

ショップ規模と自分の知識のバランスを見て出店場所を吟味

　実際に土地を借りたり買ったりして開業する店舗と違い、家賃が安く、24時間365日営業できるのがネットショップ。メリットは多いものの、どこに出店するかによって、その後の集客や売り上げは大きく変わってきます。出店する場所は熟考しましょう。ネットショップの出店場所は、大きく分類すると次の4つがあります。

❶プロバイダーのホームページ

　各プロバイダーは、会員に向けてホームページスペースを用意してあるのが普通。そのほとんどが手続きの必要なしに、すぐに使うことができ、費用がかからないのも大きなポイントです。

　しかし、「サーバー容量が少ない」「使えるCGIが少ない」など、本格的にネットショップを開業するには難点が多く、商用利用を禁止しているプロバイダーも多いのが現実。あくまでも「お試し」のつもりで利用するには問題ありません。

❷ショッピングモール

　ショッピングモールとは、ネットショップが集まった、インターネットの百貨店のようなもの。知名度があるモールは、つねに膨大なアクセス数があるので、その集客力を利用することができます。

　また、簡単に開店・運営ができるシステムが整ったモールもあります。ただしそのようなモールは、便利で効果も期待できるぶん、毎月の利用料として定額または売り上げの数パーセントの支払い義務を負うことになります。同業ライバル店も多いので、目立つことが難しくもなるでしょう。

❸レンタルサーバー

　写真をたくさん掲載するネットショップを運営するのに十分なサーバー容量があり、ネットショップ向けにショッピングカートやデータベース作成など、便利なサービスや使えるシステムが充実したレンタルサーバーも最近ではかなり増えています。

　独自ドメインを取得すれば、屋号や店名をそのまま使った、インパクトのある短いURLで運営可能です。たくさんのレンタルサーバーが出現し、最近はかなり低価格で、良質なサーバーをレンタルできるため、もっともお勧めの方法です。

❸自分でサーバーを管理

　サーバーやセキュリティ対策の専門的で高度な知識がある人は、自分でサーバー管理をしながら、ショップ運営をすることも。独自ドメインを使え、CGIの使用も自由。サーバーレンタル費用もかかりません。ただしサーバートラブルが起こったときなど、すべて自分で対処しなければならないため、維持管理には労力を費やさなければいけません。ネットショップはもちろん、もし実際に営業している店舗があるのであれば、それらの運営やサービス向上などに労力と時間を費やすことをお勧めします。

決済方法

顔が見えないからこそ大切な誠意と迅速さ

　人気オンラインショップの重要な要素のひとつが決済方法。大きく分けて、現金決済と電子決済の2通りがありますが、個人で電子決済を導入するのは難しいこともあり、開業時には、代金引換と銀行振込&郵便振替をお勧めします。

　現金決済には「銀行振込」「代金引換」「郵便振替」「コンビニ決済」の4通り、電子決済には「クレジット決済」「プロバイダー系によるクレジット決済」「プリペイドカード決済」の3通りがあります。

〈銀行振込〉

　利用者が、銀行などの金融機関指定口座に振込みをする方法。他銀行から振込む場合、手数料が郵便振替より割高になってしまうのがウィークポイント。

〈代金引換〉

　商品到着時に、利用者が配達員に代金を支払う方法。支払う側も、お店側も安心のシステムだが、到着時に現金の持ち合わせがなかったり、届け先が不在ということをなくすために、事前連絡するのがベター。代引きサービスの手数料と、振込み手数料は別途にするのが主流。

〈郵便振替〉

　利用者が郵便局に振込みをする方法。振込み確認に、3~4日かかる。全国で手数料均一が強み。ただし、近隣に郵便局がなかったり、営業時間が短いのがネック。

〈コンビニ決済〉

　商品に振込依頼票を添えて発送し、利用者が近隣のコンビニエンス・ストアで代金を支払う方法。コンビニさえ営業していれば、24時間支払い可能。

〈クレジット決済〉

　大部分の業者が法人を対象としており、個人が導入するのは難しい。1件あたりの手数料は商品の代金の7~15%ぐらいが一般的。

〈プロバイダー系によるクレジット決済〉

　大手プロバイダーが運営しているケースが多い。利用者は会員登録することで、商品を購入する際、運営者が発行するID番号とパスワードを入力すると、代金が引き落とされる。

〈プリペイドカード決済〉

　利用者が事前にプリペイドカードを購入して、商品を注文の際に裏面の番号を入力して買い物をする。利用者、利用業者は少ない。

発送方法

チェックすべきは料金・時間・信用度

顔を見て接客できないのがオンラインショップ。それだけに、いつもの買い物より慎重になっている利用者のために、どんな発送方法にするか、よく考えなければいけません。

チェックポイントは、料金・所要時間・信用度の3点。現在、発送方法は大きく分類して「郵便」「ゆうパック」「宅配便」。扱う商品に応じて、適した方法を選びましょう。

発送方法はもちろん、商品に破損や汚れがないよう届くことにも気を配りたいところ。「order-box.com（http://www.order-box.com/）」では、商品を守ってくれる段ボール、箱などの備品を豊富に扱っています。オリジナルの段ボールも作成できるので、こだわり派にお勧めです。

名称	メリット	デメリット
郵便	・荷物の大きさと重さによって変動するが、距離による違いはない ・送料が低価格	・配達に時間がかかる ・取り扱いサイズ、重さの範囲が狭い ・補償額がない
エクスパック	・規定の封筒に入れれば、全国一律500円 ・一部コンビニエンスストアでも集荷している	・規定の封筒に入り、封ができるものでないと送れない ・補償額がない
ゆうパック	・同時にある数以上の荷物を出す場合、割引サービスがある ・転送サービスがあるので、指定先を変更可能	・荷物のサイズに制限がある ・日時指定が３日前からでないと受け付けてもらえない ・補償額が宅配便より低い
宅配便	・コンビニエンスストアでも扱ってくれる ・営業所へ持ち込むと割引してくれる ・配送の時間が無料で指定できる ・一部地域を除き、翌日に配達してくれる	・選ぶ会社によっては料金が高いなどの違いがある

ネットショップを知ってもらう技

検索サイトは当たり前 これからはブログが新常識

インターネットで情報検索する際、ほとんどの人がいくつかのキーワードを頼りにしますが、利用者が自店にたどり着くには、どんなキーワードを使うかをある程度予測し、ホームページ上には、なるべく多くのキーワードを盛り込めば、「Yahoo！JAPAN」や「Google」などの検索サイトでも上位に表示される可能性が高くなります。

そのためには、検索キーワード分析ツールを活用するのが有効です。検索エンジンで検索されるキーワードをさまざまな角度から分析できるツールで、その多くが無料。キーワードの具体的な検索回数がわかるものや、月ごとの変化がわかるものなど、それぞれのツールで特徴が違うので、いくつかを組み合わせて利用するのがいいでしょう。

また最近では、ブログを開設し、その日入荷したアイテムを紹介したり、新入荷商品でコーディネイトを提案したりする人も増えています。「ブログは一種の検索エンジン対策です。ブログ上での何らかのキーワードにヒットし、そこからホームページを覗いてくれる人が、じつは多いのです」（「INDIES」オーナー・志田祐一さん）

■「無料登録ドットコム　キーワードアドバイスツールプラス」
http://www.keywordadvisetoolplus.com/

編集○山西三穂子、小寺賢一、龍直子、
柳生大穂（バウンド）

装丁○中野岳人

本文デザイン○下家由実子

店舗イラスト○佐藤隆志

撮影○坂田隆／阿部栄一郎／相川大助
／萩原美寛／本郷淳三／鈴木啓太

本文イラスト○オグロエリ

編集・執筆協力○阿部真奈美／伊藤久美子
／嶺山量子／天見真里子
／木下敦詞／皆川理絵
／佐野勝大／大川美樹
／加藤宏之／小嶋依子

DTP○株式会社明晶堂

お店《みせ》やろうよ!⑬
はじめての「古着屋《ふるぎや》」
オープンBOOK《ブック》

2008年3月25日　初版　第1刷発行
2018年8月10日　初版　第3刷発行

著者○バウンド

発行者○片岡　巌

発行所○株式会社技術評論社
東京都新宿区市谷左内町21-13
電話　03-3513-6150　販売促進部
03-3513-6160　書籍編集部

印刷／製本○日経印刷株式会社

定価はカバーに表示してあります。
本書の一部または全部を著作権法の定める範囲を超え、無断で複写、複製、転載あるいはファイルに落とすことを禁じます。

©2008　Bound inc.

造本には細心の注意を払っておりますが、万一、乱丁（ページの乱れ）や落丁（ページ抜け）がございましたら、小社販売促進部までお送りください。送料小社負担にてお取り替えいたします。

ISBN978-4-7741-3394-2　C0034
Printed in Japan

著者紹介
バウンド

経済モノ、ビジネス関連、生活実用書などを得意とする、コンテンツ制作会社。企画立案から書店先まで、書籍の総合プロデュースを手がける。主な作品に「お店やろうよ！シリーズ①～⑫」『成功する「行政書士オフィス」開業＆運営バイブル』（以上、技術評論社）『フリーランス・個人事業の青色申告スタートブック』（ダイヤモンド社）『30代からの自分発見ノート』（河出書房新社）ほか。

監修（第3章）
高山良昭

メンズを中心とした各ファッション誌をはじめ、人気タレントも数多く手がけるスタイリスト。古着と新品を組み合わせつつ、トレンドを的確に取り入れたスマートなスタイリングに定評がある。

本書へのご意見・ご感想は、ハガキまたは封書にて、以下の住所で受け付けております。電話でのお問い合わせにはお答えしかねますので、あらかじめご了承ください。

問い合わせ先
〒162-0846
東京都新宿区市谷左内町21-13
株式会社 技術評論社　書籍編集部
『はじめての「古着屋」オープンBOOK』
感想係